论法的精神

[法] 查理·路易·孟德斯鸠 著　张雁深 译

MONTESQUIEU

云南出版集团
云南人民出版社

果麦文化 出品

3

TOME
TROISIEME

目 录

第十四章　法律和气候的性质的关系

001	第一节	本章大意
001	第二节	人怎样因气候的差异而不同
005	第三节	某些南方人民性格上的矛盾
006	第四节	东方各国的宗教、风俗、习惯和法律持久不变的原因
006	第五节	不和气候的弱点抗争的是坏的立法者
007	第六节	热带的农业
007	第七节	僧侣制度
008	第八节	中国的良好风俗
008	第九节	鼓励勤劳的方法
009	第十节	关于人民节酒的法律
011	第十一节	关于气候疾病的法律
013	第十二节	反对自杀的法律
013	第十三节	英国气候的影响
015	第十四节	气候的其他影响
016	第十五节	气候不同，法律对人民的信任程度也不同

第十五章　民事奴隶制的法律和气候的性质的关系

018	第一节	民事奴隶制
019	第二节	罗马法学家与奴役权的起源
021	第三节	奴役权的另一个起源
021	第四节	奴役权的又一个起源
022	第五节	对黑人的奴役

023	第六节	奴役权的真正起源
024	第七节	奴役权的另一个起源
025	第八节	奴隶制对我们是无益的
026	第九节	一般建立了民事的自由的国家
026	第十节	奴隶制的种类
027	第十一节	关于奴隶制法律应该做什么
027	第十二节	奴隶制的弊端
028	第十三节	奴隶众多的危险
029	第十四节	武装的奴隶
030	第十五节	续前
031	第十六节	政治宽和的国家所应采取的防备措施
033	第十七节	主奴关系的法规
034	第十八节	奴隶的释放
036	第十九节	脱离奴籍的人和太监

第十六章　家庭奴隶制的法律和气候的性质的关系

038	第一节	家庭的奴役
038	第二节	南方国家里两性间天然存在的不平等
040	第三节	多妻和赡养能力的密切关系
041	第四节	多偶制和它的各种情况
042	第五节	马拉巴尔一项法律的原由
042	第六节	多偶制本身
043	第七节	多妻的平等待遇
044	第八节	男女隔离
045	第九节	家政与国政的关系
045	第十节	东方的道德原则
047	第十一节	与多偶制无关的家庭奴役
048	第十二节	天然的贞操

048	第十三节	嫉妒
049	第十四节	东方治家的方式
049	第十五节	离婚和休婚
051	第十六节	罗马人的休婚和离婚

第十七章　政治奴役的法律和气候的性质的关系

054	第一节	政治奴役
054	第二节	各民族勇怯的不同
055	第三节	亚洲的气候
057	第四节	上述情况的后果
058	第五节	亚欧北方民族都从事征略而结果不同
060	第六节	关于"亚洲的奴役"与"欧洲的自由"的另一个自然原因
061	第七节	非洲与美洲
061	第八节	帝国的首都

第十八章　法律和土壤的性质的关系

062	第一节	土壤的性质怎样影响法律
063	第二节	续前
063	第三节	怎样的国家土地开垦得最好
064	第四节	国家土地肥瘠的其他结果
065	第五节	岛屿的人民
065	第六节	由人的勤劳建立的国家
066	第七节	人类的勤劳
067	第八节	法律的一般关系
067	第九节	美洲的土壤
067	第十节	人口和谋生方式的关系

068	第十一节	野蛮和半野蛮的民族
068	第十二节	耕种土地的民族间的国际法
069	第十三节	不耕种土地的民族的民法
070	第十四节	不耕种土地的民族的政治状态
070	第十五节	懂得使用货币的民族
071	第十六节	不懂得使用货币的民族的民法
071	第十七节	不使用货币的民族的政治性的法律
072	第十八节	迷信的力量
072	第十九节	阿拉伯人的自由和鞑靼人所受的奴役
073	第二十节	鞑靼人的国际法
074	第二十一节	鞑靼人的民法
075	第二十二节	日耳曼人的一种民法
081	第二十三节	法兰克君王们的长发
081	第二十四节	法兰克君王们的婚姻
082	第二十五节	查尔第立克王
083	第二十六节	法兰克君王们的成年
084	第二十七节	续前
085	第二十八节	日耳曼人如何收养义子
086	第二十九节	法兰克君王的残酷性
087	第三十节	法兰克的全国议会
087	第三十一节	黎明时代僧侣的威权

第十九章　法律和构成一个民族的一般精神、风俗与习惯的那些原则的关系

089	第一节	本章的主题
089	第二节	要接受最好的法律，人民的思想准备是如何的必要
090	第三节	暴政
091	第四节	一般的精神

091	第五节	应如何注意不变更一个民族的一般的精神
092	第六节	不应该什么都要改正
092	第七节	雅典人和拉栖代孟人
093	第八节	社交性格的后果
093	第九节	民族的虚荣与骄傲
095	第十节	西班牙人和中国人的性格
095	第十一节	一点意见
096	第十二节	专制国家的礼仪和风俗
097	第十三节	中国人的礼仪
097	第十四节	改变一个国家的风俗和习惯有什么自然的方法
098	第十五节	家政对国政的影响
099	第十六节	有些立法者怎样把支配着人类的各种原则混淆了
100	第十七节	中国政体的特质
101	第十八节	推论
102	第十九节	中国人如何实现宗教、法律、风俗、礼仪的这种结合
103	第二十节	为中国人的一种矛盾现象进一解
104	第二十一节	法律应该怎样和风俗礼仪发生关系
105	第二十二节	续前
105	第二十三节	法律如何随从风俗
105	第二十四节	续前
106	第二十五节	续前
107	第二十六节	续前
108	第二十七节	法律如何有助于一个民族的风俗、习惯和性格的形成

118	原编者注

第十四章　法律和气候的性质的关系

第一节　本章大意

如果精神的气质和内心的感情真正因不同的气候而有极端差别的话，法律就应当和这些感情的差别以及这些气质的差别有一定的关系。

第二节　人怎样因气候的差异而不同

寒冷的空气把我们身体外部纤维的末端紧缩起来①；这会增加纤维末端的弹力，并有利于血液从这些末端回归心脏。寒冷的空气还会减少这些纤维的长度②，因而更增加它们的力量。反之，炎热的空气使纤维的末端松弛，使它们伸长，因此减少了它们的力量和弹力。

所以人们在寒冷气候下，便有较充沛的精力。心脏的动作和纤维末端的反应都较强，分泌比较均衡，血液更有力地走向心房；在交互的影响下，心脏有了更大的力量。心脏力量的加强自然会产生许多效

---

① 这甚至一望就看得出来：气候寒冷，人就显得瘦些。
② 我们知道寒冷的空气使铁缩短。

果，例如，有较强的自信，也就是说，有较大的勇气；对自己的优越性有较多的认识，也就是说，有较少复仇的愿望；对自己的安全较有信任，也就是说，较为直爽，较少猜疑、策略与诡计。结果，当然产生很不同的性格。如果把一个人放在闷热的地方，由于上述的原因，他便要感到心神非常萎靡。在这种情况下，如果向他提议做一件勇敢的事情，我想他是很难赞同的。他的软弱将要把失望放进他的心灵中去；他什么都要害怕，因为他觉得自己什么都不成。炎热国家的人民，就像老头子一样怯懦；寒冷国家的人民，则像青年人一样勇敢。最近的一些战争[①]，我们记忆犹新；在这些战争中，我们可以较清楚地辨认一些微细的情况，这些情况如果时代远了是觉察不到的。如果我们注意这些战争的话，我们将要深深地感到，北方的人民被移徙到南方[②]，他们的行动就不像那些在本地气候下作战的同胞们那样豪壮。在本地气候下作战的同胞表现了非常的勇敢。

北方人民身体纤维的力量大，所以从食物吸收较粗劣的液汁，因而有两种结果。一、分泌乳糜液或淋巴液的各器官，因为表面宽大，比较适于纤维，并滋养纤维。二、因为这些器官粗糙，不能把相当精细的液汁给予神经。所以这些人民身体魁伟，但不大活泼。

各处的神经都以我们皮肤的组织为终点，各支神经形成一个神经管束。一般地说，整个神经，除了极微细的一部分而外，是不受触动的。在炎热的国家，皮肤的组织松弛，神经的末端展开，最软弱的东西的最微小的动作也都会感受到。在寒冷的国家，皮肤的组织收敛，乳头状的细粒压缩，小粟粒腺多少有些麻痹。除了极强烈的并且由整个神

[①] 西班牙王位继承战争。
[②] 例如在西班牙。

经传递的感觉而外，一般的感觉是不到达脑子的。但是想象、趣味、感受性、活泼性，却都要依靠那无数细小的感觉。

我观察过羊舌头的外表组织，用肉眼去看，有一个地方就像是被乳头状的细粒所复盖。我用显微镜，就在这些乳头状的细粒的上面，辨识到一些细毛，或是一种毛茸；在乳头状的细粒之间有金字塔形的东西，顶端就像毛笔。这些金字塔很可能就是味觉的主要器官。

我让人把这个舌头的一半加以冰冻，并用肉眼观察，我发现乳头状的细粒大量减少；它们中有几行甚至缩入它们的细膜内。我又用显微镜检查它们的组织，却看不见那些金字塔形的东西了。当冰冻消退，乳头状的细粒，从肉眼看去，也逐渐随着隆起；用显微镜去看，小粟粒腺也开始出现了。

这个观察证实了我所说的话。我说在寒冷的国家，神经腺比较不扩张，较深地缩进它们的细膜内，感受不到外界东西的动作，所以它们的感觉就不那样灵敏。

在寒冷的国家，人们对快乐的感受性是很低的。在温暖的国家，人们对快乐的感受性就多些；在炎热的国家，人们对快乐的感受性是极端敏锐的。气候是用纬度加以区别的，所以我们多少也可以用人们感受性的程度加以区别。我曾经在英国和意大利观看一些歌剧；剧本相同，演员也相同，但是同样的音乐在两个国家却产生了极不同的效果：一个国家的观众是冷冷淡淡的，一个国家的观众则非常激动，令人不可思议。

至于疼痛，也是一样。疼痛是由于我们身体某些纤维的撕裂所引起的。大自然的创造者规定，撕裂越多便越疼痛。那么，北方民族魁伟的身体和粗糙的纤维，比炎热国家人民的精细纤维较不容易撕裂，所以北方人的心灵对疼痛的感觉就比较迟钝。你要剥俄罗斯人的皮才能使他有感觉。

在炎热的国家，人们的器官娇嫩脆弱，这使他们的心灵对一切和两性的结合有关的东西，有最敏锐的感觉。那里的一切都指向这个目标。

在北方的气候里，爱情在生理方面几乎没有力量让人感觉到它。在温暖的气候里，爱情带有成千种的附属物；有些东西乍一看来像是爱情，使人感到喜悦，但是这些东西并不是爱情本身。在更炎热的气候里，人们是为爱情本身而爱爱情。爱情是幸福的唯一泉源；爱情就是生命。

在南方的国家，人们的体格纤细、脆弱，但是感受性敏锐；他们或者是耽于一种在闺房中不断地产生而又平静下来的爱情，要不然就是耽于另外一种爱情，这种爱情给妇女以较大的自由，因而也易于发生无数的纠纷。在北方的国家，人们的体格健康魁伟，但是迟笨，他们对一切可以使精神焕发的东西都感到快乐，例如狩猎、旅行、战争和酒。你将在北方气候之下看到邪恶少、品德多、极诚恳而坦白的人民。当你走近南方国家的时候[1]，你便将感到自己已完全离开了道德的边界；在那里，最强烈的情欲产生各种犯罪，每个人都企图占别人的一切便宜来放纵这些情欲。在气候温暖的国家，你将看到风尚不定的人民，邪恶和品德也一样地无常，因为气候的性质没有充分的决定性，不能把它们固定下来。

气候有时可能极度炎热，使身体完全丧失力量。这种萎靡颓废的状态将传染到人的精神；没有丝毫好奇心，没有丝毫高尚的进取心，也没有宽容豁达的感情；一切嗜好全都是被动的；懒惰在那里就是幸福；心思的运用比多数的刑罚还要难受；人们可以忍受奴役，但不能忍受精神的动力。这种动力是人类行为所必需的。

第三节 某些南方人民性格上的矛盾

印度人[①]天生就没有勇气，甚至出生在印度的欧洲人的儿童[②]也丧失了欧洲气候下所有的勇敢。但是印度人的这种怯懦，同他们残暴的行为、他们的风俗、他们野蛮性的修苦行，怎能相调和呢？印度的男人情愿忍受令人难以置信的苦痛；妇女纵火自焚。这里我们看到，他们有极大的毅力，却又非常的软弱。

大自然赋予这些人民一种软弱的性格，所以他们怯懦；同时又赋予他们很活泼的一种想象力，所以一切东西都很强烈地触动他们。这种器官的柔弱，使他们害怕死亡，也使他们感到还有无数的东西比死亡还可怖。这种敏感性使他们逃避一切危险，又使他们奔赴一切危险。

好的教育对于儿童，比对那些心智已经成熟的人们更有必要；同样，这种气候下的人民比欧洲的人民更需要明智的立法者。人们的敏感性越大，就越需要适当的感受方式，不要受偏见的熏染，要受理性的领导。

在罗马人的时代，北欧人民的生活没有艺术、没有教育，而且几乎没有法律；但是仅仅由于在那种气候下的粗糙纤维所具有的理智，他们便能以惊人的智慧抵抗罗马的权力而存在下去，一直到了一个时

[①] 塔维尼埃说："一百个欧洲兵便可很容易地战胜一千个印度兵。"
[②] 甚至在印度定居的波斯人，到了第三代也就染上了印度人的懒惰和怯懦。贝尔尼埃：《旅行记：莫卧儿的部分》，第 1 卷，第 282 页。

候，他们才走出他们的森林，摧毁了罗马的权力。

第四节　东方各国的宗教、风俗、习惯和法律持久不变的原因

器官的纤弱使东方的人民从外界接受最为强烈的印象。身体的懒惰自然地产生精神上的懒惰。身体的懒惰使精神不能有任何行动，任何努力，任何斗争。如果在器官的纤弱上面再加上精神的懒惰，你便容易知道，这个心灵一旦接受了某种印象，就不再能加以改变了。所以，东方今天的法律、风俗、习惯①，甚至那些看来无关紧要的习惯，如衣服的样式，和一千年前的相同。

第五节　不和气候的弱点抗争的是坏的立法者②

印度人相信，静止和虚无是万物的基础，是万物的终结。所以他们认为完全的无为就是最完善的境界，也就是他们的欲望的目的。他们给最高的存在物一个称号，叫做"不动的"③，暹罗人认为最大的幸福④是不必去运转机器或是使身体行动。

这些国家过度的炎热使人萎靡疲惫；静止是那样地愉快，运动是那样地痛苦，所以这种形而上学的体系似乎是自然的。印度的立法者

---

① 在君士坦丁·保尔菲罗折尼都斯所辑《尼古拉斯·大马塞奴斯的断篇》里，我们看到在东方国家派人把讨厌的总督绞死的习惯是很古老的。这个习惯在米太人的时代就有了。
② 原文标题颇费解。兹参考其他版本，酌译为这样的字句。——译者
③ "巴拿马纳克"。见吉尔奢的著作。
④ 拉卢卑尔：《暹罗记事》，第446页。

佛[20]顺从自己的感觉,使人类处于极端被动的状态中。但是佛的教义是由气候上的懒惰产生的,却反而助长了懒惰;这就产生了无数的弊害。

中国的立法者[3]是比较明智的;他们不是从人类将来可能享受的和平状态去考虑人类,而是从适宜于履行生活义务的行动去考虑人类,所以他们使他们的宗教、哲学和法律全都合乎实际。物理的因素越使人类倾向于静止,道德的因素便越应该使人类远离这些物理的因素。

第六节 热带的农业

农业是人类最主要的劳动。气候越要使人类逃避这种劳动的时候,这个国家的宗教和法律便越要鼓励人们去从事这种劳动。印度的法律把土地给了君主,破坏了私人的所有权的思想,增加了气候的不好的影响,就是说,增加了天生的懒惰成分。

第七节 僧侣制度

僧侣制度带来了相同的恶果。这种制度起源于东方炎热的国家;在这些国家里,沉思默想的倾向多,而行动的倾向少。

在亚洲,似乎是气候越热,僧侣的数目便越多。印度气候酷热,所以充满了僧侣。在欧洲也可以看到这种差异。

如果要战胜气候产生的懒惰,法律就应该努力消除一切不劳动而

---

① 佛要把心降伏至纯空的状态:"我们有眼睛和耳朵;但是完善的境界不在于看也不在于听;我们有嘴、手等,但是完善的状态要求四肢五官都不动。"引自一个中国哲学家的谈话,杜亚尔德:《中华帝国志》,第3卷。

生活的手段。但是在欧洲的南部，法律所做的与此完全相反。法律给那些喜欢无所事事的人们提供了适宜于沉思默想的位置，并且给他们以巨额的财富。这些人生活非常富裕，富有转成为他们的负担，所以他们有理由把他们过剩的东西给微贱小民。微贱小民已经失掉了财产的所有权；这些人就使他们也过着无所事事的生活，用以补偿他们的损失，这样就使微贱小民甚至喜爱他们悲惨的境遇。

第八节　中国的良好风俗

有关中国的记述①谈到了中国皇帝每年有一次亲耕的仪式②。这种公开而隆重的仪式的目的是要鼓励人民从事耕耘③。

不但如此，中国皇帝每年都要知道谁是耕种上最优秀的农民，并且给他八品官做。

在古波斯④每月的第八日——即所谓 Chorrem-ruz ——君王便放下他们的排场，和农民们一起吃饭。这种制度是鼓励农业的好办法。

第九节　鼓励勤劳的方法

我将在第十九章让人们看到懒惰的民族通常都是骄傲的。人们可以拿结果来反抗"原因"，用"骄傲"去摧毁"懒惰"。在欧洲的

---

① 杜亚尔德：《中华帝国志》，第 2 卷，第 72 页。
② 印度也有几个国王举行亲耕的仪式。拉卢卑尔：《暹罗记事》，第 69 页。
③ 中国汉朝的第三个皇帝文帝亲自耕种土地，又让皇后和嫔纪们在皇宫里从事蚕织。见《中华帝国志》。
④ 海德：《波斯的宗教》。

南部，人民重荣誉①，所以把奖赏给予农业上优秀的农民，或是给予曾经推进了工业的工人，这是好的做法。它甚至将在一切国家获得成功②。在今天，这个做法已使爱尔兰建立起欧洲最大规模的麻织工业之一③。

第十节　关于人民节酒的法律

在炎热的国家里，血液中的水分因流汗而大大地减少④；因此需要同类的液体来补充。所以人们乐于饮水。烈性的酒会凝结水分渗出后所遗留的血球⑤。

在寒冷的国家里，血液中的水分很少因流汗而排泄的，以致水分在血里积存极多。所以人们可以饮用烈酒而不致凝结血球。那里的人们，体内富于水分；可以加速血液循环的烈性酒对他们是适宜的。

因此，穆罕默德禁止饮酒的法律是出于阿拉伯气候的法律。在穆罕默德以前，阿拉伯人的普通饮料也就是水。禁止迦太基人饮酒的法律⑥也是出于气候的法律。这两个国家的气候实际上是差不多一样的。

---

① 甲乙本作："极重荣誉。"
② 甲乙本无"它甚至……成功"句。
③ 甲乙本作"这个做法今天已在爱尔兰获得了成功。它在那里建立起……"。
④ 贝尔尼埃从拉合尔旅行到喀什米尔时写道："我的身体就像一个筛子：我刚一吞进一品脱的水，我马上看见它就像露珠一样从我的四肢渗出，甚至渗到我的指尖。我一天喝十品脱，对我毫无损害。"贝尔尼埃：《旅行记》，第2卷，第261页。
⑤ 血中有红血球、纤维部分、白血球和水分；全部都在水分中游动。
⑥ 柏拉图：《法律》，第2卷。亚里士多德：《家务的处理》，第1卷，第5章。尤塞比乌斯：《传道准备》，第12卷，第17章。

这种法律对寒冷的国家是不适宜的。那里的气候似乎要强使全国的人在一定程度上都有爱好饮酒的习惯；这和个人爱好饮酒的习惯迥然不同。依照气候的寒冷和潮湿所占的比例，爱好饮酒的习惯在全世界都是很普遍的。当你从赤道走向北极，你便会发现，饮酒的嗜好是随着纬线的度数而增加的。当你再从赤道走向南极，便将要发现，这种嗜好也按着同样的比例，向南方发展①。

在酒和气候相抵触，因此也和身体的健康相抵触的国家，纵饮要比其他国家受到更严厉的处罚，这是很自然的。在其他的国家，爱好饮酒的习惯对个人没有多大妨害，对社会的损害也较少；它不使人狂乱，只使人痴呆而已。所以，对醉酒的人既处罚他所犯的错误，同时又处罚他的酒醉的那种法律②，只适合于个人纵饮的场合，而不适合于全民族纵饮的场合。一个德国人喝酒是出于风俗；一个西班牙人喝酒是出于爱好。

在炎热的国家，人体纤维的松弛产生液体的大量排泄；但是固体部分消散得较少。纤维只有极微弱的动作，而且缺少弹性，所以几乎没有什么损耗，只要少量有滋养的液汁就可加以补充；因此，那里的人吃得很少。

不同气候的不同需要产生了不同的生活方式；不同的生活方式产生了不同种类的法律。彼此交往[4]多的民族需要某种法律；彼此没有交往的民族则需要另一种法律。

---

① 在霍屯督人和智利最南边的民族中可以看到这种情况。
② 例如亚里士多德《政治学》第2卷第3章所说的毕达库斯的法律。毕达库斯住的地方，由于气候的原故，并不是全民族都有爱好饮酒的恶习。

第十一节　关于气候疾病的法律

希罗多德①告诉我们，犹太人关于麻风病的法律是来源于埃及人的习惯的。诚然，相同的疾病就需要相同的药剂。希腊人和初期的罗马人就不知道这种法律，也不知道这种疾病。埃及和巴勒斯坦的气候就需要有这种法律；而且这种疾病流布⁵的迅速已足使我们感到这些法律的明智与远见。

甚至我们自己也感觉到这些法律的效果。十字军把大麻风病带给了我们；但是当时制定的那些明智的法规阻止了它传染广大的人民。

从伦巴底人的法律②中，我们知道这种病在十字军以前已经传布到意大利，并已引起立法机关的注意。罗塔利规定，一个患麻风病的人一经从他的住宅赶出去，并放置在一个特殊的地方的时候，他便不得处分他的财产；因为自从他被人从住宅逐出的时候起，就当作他已死亡了。为着防止同麻风病人的一切交往，所以不给这种病人民事上的行为能力。

我想，这种疾病恐怕是希腊皇帝们征服意大利时带进意大利的；他们的军队当中可能有来自巴勒斯坦或埃及的士兵。无论如何，这种疾病的传布是被止住了，一直到十字军的时候。

人们说，庞培的士兵从叙利亚回来的时候带来了一种像大麻风的疾病。我们不知道当时制定了什么法规；但是他们似乎曾制定了这类的法规，因为这种病曾被阻止住，一直到伦巴底人的时候。

我们的祖先所不知道的一种疾病从新世界传来，已经两个世纪了。

---

① 《历史（希腊波斯战争史）》，第2卷。
② 《伦巴底法》，第2卷，第1项，第3节；第18项，第1节。

这种疾病甚至从生命与快乐的最根本的地方,来向人类进攻。人们看到南欧最重要的家族多半因为这种疾病而毁灭了。这个疾病传布得很普遍,所以得到这种病也无所谓可耻了,只不过是极为不幸而已。对黄金的饥渴使这种疾病永远传布;欧洲的人不断地到美洲去,并且老是带回来新的感染。

宗教的理由要人们听任这种疾病存在下去,作为对罪恶的一种惩罚,但是这个灾祸已经进入了婚姻关系中,甚至已经摧毁了儿童①。

立法者关心公民的健康既然是明智的,那么,用摩西的法律做基础,制定法律,防止这种疾病的传布,乃是十分合乎道理的。

瘟疫这种灾害对人类的摧残更是急激迅猛。埃及是它的主要基地,从那里传布到全世界。欧洲大多数国家都有极优良的法规,防止它的侵入。我们今天已想出了一个防止的好办法,就是用军队排成一条线,包围感染着这种疾病的国家,断绝一切交通。

土耳其人②在这方面没有任何规章;他们看着在同一城市里,基督徒们避免了灾祸,而灭亡的只有他们自己。他们购买染有瘟疫的病人的衣服来穿,仍旧按照他们的旧方式生活。命运不可移易的教义支配着一切;这种教义使官吏们成为冷静的旁观者。官吏们想,上帝已经做了一切,他们没有什么可做的事了。

---

① 甲乙本没有这一段。
② 李果《奥托曼帝国》(1678 年版)第 284 页。

第十二节　反对自杀①的法律

在历史上我们从来没看见过罗马人没有原因而自杀的。但是一个英国人却往往令人完全不解地自杀了;他甚至是在幸福的怀抱中而把自己毁灭了。在罗马人,自杀这个行动是教育的结果,同他们的思想方式和习俗有关系。在英国人,自杀这个行动是疾病②的结果,同身体的生理状态有关系,而没有任何其他的原因。

这似乎是因为神经液汁在渗滤上有缺点。身体器官因为机动职能经常停滞,因而自觉疲惫;心灵没有感到什么疼痛,但是觉得生存有某种困难。疼痛是一种局部地方的痛苦,我们只希望把它消灭掉;对生存所感到的重担却是一种没有固定地方的痛苦,它使我们愿意看到这个生命的终结。

有些国家的民法显然有理由对自杀加以诋毁。但是在英国,如果不肃清精神病的影响,是不可能杜绝自杀的。

第十三节　英国气候的影响③

在这样一个国家里,一种气候的疾病影响心灵,致使它厌恶一切事物,甚至厌恶生命;显然,对于这些什么也不能忍耐的人,最适宜的政府,就是这样一种政府:它使这些人不可能把引起他们的烦恼的

---

① 自杀的行为违反自然法和天启的宗教。
② 这种疾病可以因为坏血症而更加复杂化。坏血症,尤其是在某一些国家,能够让一个人性情乖癖,不能自容。佛兰西斯·比拉尔:《旅行记》,第 2 篇第 21 章。
③ 甲本作"某一种气候的影响"。

责任归咎于任何个人，而且在这个政府之下，他们与其说是受人的支配，毋宁说是受法律的支配。因此，他们如果要变更政府，就不可能不推翻法律本身。

如果这个民族也从气候获得了某一种不耐烦的脾气，以致对长期因袭不变的事物不能加以容忍的话，那么上述的政府对他们更是最适宜的了。

不耐烦的性格本身并不是什么不得了的东西；但是当它和勇敢结合在一起的时候，那就不得了啦。

它和轻率不同，轻率使人们无缘无故地从事或放弃一个计划。它和顽固比较接近，因为它来自对苦难极敏锐的一种感觉，所以它甚至不因经常忍受苦难而减弱。

这种性格，在一个自由的国家里，是极适宜于挫败暴政①的计谋的。暴政开始时常常是缓慢而软弱的，最后却是迅速而猛烈；它起初只伸出一只手来援助人，后来却用无数只胳膊来压迫人。

奴役总是由梦寐状态开始。但是一个无论在什么情况下都不能安息，时时刻刻都在思考，并且处处都感觉到痛楚的人民，是几乎不可能睡得着的。

政治是一把磨钝了的锉刀；它锉着锉着，慢慢地达到它的目的。我们刚刚谈到的人民对于谈判的迟缓、烦琐和冷静，都不能忍耐；他们在谈判上常常比所有其他的国家成功得少；他们容易在条约上失掉他们从战争所获得的东西。

---

① 我说"暴政"指的是图谋推翻已经建立的政权，尤其是推翻民主政治。希腊人和罗马人所给这个名词的涵义就是如此。

第十四节　气候的其他影响

我们的祖先古日耳曼人，居住在感情极端平静的一种气候里。他们的法律只规定看得见的东西，并不附加丝毫想象。法律按照创伤的大小去判断男人们所受的侵害的程度。关于妇女们所受的侵害，他们的断处并不更加细致。日耳曼人的法律①在这方面是非常特别的。它规定，裸露妇女头部的，罚金五十苏。裸露妇女的腿到了膝盖的，罚金同。膝盖以上，罚金加倍。可见这个法律衡量妇女所受的侮辱的程度，正如我们在几何学上测量图形一样。它不惩罚想象的犯罪，只是惩罚眼睛看得到的犯罪。但是，当一个日耳曼民族移入西班牙的时候，那里的气候立即要求不同的法律。西哥特的法律不许医师流自由妇女[6]的血，除非是她的父亲、母亲、兄弟、儿子或舅、叔、伯有人在场。当人们想象燃烧的时候，立法者的想象也同样地热了起来；当人民变得多疑的时候，法律也就对什么东西都怀疑。

因此，这些法律极端关心男女两性。但是在惩罚上，这些法律似乎是为了要满足私人的报复多，而为了公家进行的报复少。所以大多数的案子，法律只把男女两犯交给他们的亲属或被侵犯的丈夫去当奴隶。一个"自由妇女"②如果和一个已婚的男子发生关系的话，便被交给这个男子的妻全权地随意处置[7]。如果奴隶们③发现他们的主妇和人通奸，他们在法律上有义务把她捆绑起来交给她的丈夫；法律甚至

---

① 《日耳曼法》，第58章，第1、2节。
② 《西哥特法》，第3卷，第4项，第9节。
③ 同上书，第3卷，第4项，第6节。

准许她的子女①控告她,准许对她的奴隶进行拷问来定她的罪。因此,这些法律可以极端地满足某种名誉心,但不能达成优良的施政。因此,如果茹利安伯爵认为这样一种凌辱应该用他的君王和国家的灭亡来抵偿的话,我们是不应当感到惊奇的。如果风俗和西班牙异常相同的牟尔人到西班牙去觉得很容易在那里定居,维持自己的生活,并迟延了他们的帝国的覆亡的话,我们是不应当感到惊奇的。

第十五节 气候不同,法律对人民的信任程度也不同

日本人的性格很残酷,所以他们的立法者和官吏完全不能信任他们。立法者和官吏所摆在他们面前的东西只是审判、恐吓与惩罚而已。他们做的任何一件事都要受到公安当局的查究。他们的法律,在五个家庭的户主中设置一人为官吏,管理其他四人;他们的法律,因为一个人犯罪而处罚整个家庭或整个坊区;按照这些法律,恰巧有一人犯了罪,全体便没有一个不犯罪了;制定这些法律是企图使所有的人互不信任,使每一个人注视其他每一个人的行为,成为其他每一个人行为的监督、证人和裁判官。

反之,印度人则温和②、软弱,并有怜悯心。因此,他们的立法者对他们有很大的信任。立法者们设定了很少的刑罚③,刑罚也不严酷,甚至不严厉执行。他们把甥侄交给舅、伯、叔,把孤儿交给监护

---

① 《西哥特法》,第3卷,第4项,第13节。
② 见贝尔尼埃:《旅行记》,第2卷,第140页。
③ 见《耶稣会士书简集》第14辑第403页关于印度半岛恒河方面各族人民的主要法律与风俗的记载。

人去看管，这和别的地方交给父母一样好。他们依据众所共知的关于继承者的优点去规定继承。他们似乎是认为，每一个公民应该完全信任其他公民的善良本性。

　　他们很容易把自由①给予他们的奴隶；他们为奴隶婚嫁，待奴隶像自己的子女一样②。快乐的气候产生了坦率的风俗，带来了柔和的法律！

---

① 《耶稣会士书简集》，第9辑，第378页。
② 我曾想，由于印度奴隶制度温和的缘故，所以狄奥都露斯说这个国家没有主人也没有奴隶。但是狄奥都露斯把斯特拉波在《地志》第15卷中认为是一个特殊民族的情况当做是整个印度的情况。

第十五章　民事奴隶制的法律和气候的性质的关系

第一节　民事奴隶制

正确地说，所谓奴隶制，就是建立一个人对另外一个人的支配权利，使他成为后者的生命与财产的绝对主人[8]。奴隶制在性质上就不是好制度。它无论对主人或是对奴隶都是没有益处的。它对奴隶没有益处，因为奴隶不可能出于品德的动机，而做出任何好事情。它对于主人没有益处，因为他有奴隶的缘故，便养成种种坏习惯，在不知不觉间丧失了一切道德的品质，因而变得骄傲、急躁、暴戾、易怒、淫逸、残忍。

在专制的国家，人民已经生活在"政治奴隶制"之下，所以"民事奴隶制"比在别的国家易为人们所容忍。在那些国家里，每个人有得吃，能够活着，就应该很满足了。因此，一个奴隶的生活条件几乎不比一个国民艰难。

但是在君主政体之下，最重要的一点就是人性不应该受到摧残或贬抑，所以不应该有奴隶。在民主政治的国家里，人人都平等；在贵族政治的国家里，法律应该在政体的性质所能容许的范围内尽量使人人得到平等；所以在民主政治和贵族政治的国家里奴隶的存在是违背政制的精神的,因为奴隶只能给公民一种他们绝不应该有的权力和奢侈。

第二节 罗马法学家与奴役权的起源

人们无法想象奴隶制是从怜悯心产生出来的,也无法想象怜悯是由下面三种情形产生的[①]。

万民法为着防止俘虏被杀戮,因而准许用俘虏做奴隶。罗马人的市民法准许债务人卖身,因为债权人可以虐待债务人。一个当奴隶的父亲不能再养活子女,所以自然法要子女和父亲一样当奴隶。

罗马法学家们的这些理由全都是不合道理的。第一,除了必要的场合,说战争准许杀戮是荒谬的。当一个人已经把另外一个人当了自己的奴隶,他便没法说他曾有杀戮他的必要,因为他实际上并没有杀戮他。战争所可能给予的对待俘虏的全部权利,只是把俘虏看守起来,使他们不能继续为害而已。在激烈战斗之后,由士兵对俘虏进行无情的屠杀,是世界各国[②]所唾弃的。

第二,说一个自由人可以卖身,这也是荒谬的。出卖就得有价钱;当一个人把自己卖掉了的时候,他所有的财产便归主人所有,主人什么也不给,奴隶什么也得不着。人们或许说,奴隶可以有贮蓄。但是这种贮蓄是附属于人身的。如果说不许一个人自杀,是因为自杀等于把自己从祖国中消灭掉,那么更不能准许一个人把他自己卖掉。每个公民的自由,是公共自由的一部分。在平民政治的国家,

---
① 查士丁尼:《法制》,第1卷。
② 除了那些吃俘虏的民族而外。

这个特质，甚至是主权的一部分。出卖这个公民的特质，是如此不可想象的一种行为[①]，我们简直不能设想，作为一个人来说，竟会做出这种事来。如果自由对于买主来说是可以论价的话，它对于卖主来说，却是无价之宝。市民法准许人们分割财产，就不可能把要执行这种分割的人的一部分也列入这种财产之中。市民法还准许解除一方受有某种损失的契约，它更不能阻止人们解除一方受到一切损失中最大损失的契约。

第三种情形是以出生为理由。这和前两种情形是同样站不住的。因为如果一个人不能把自己卖掉，那么他更不能把一个还没有出生的婴儿卖掉。如果一个战争的俘虏不应该被迫为奴隶，那么他的子女就更不应该被迫为奴隶了。

把一个作恶的人处死之所以是合法的，是因为使他受到制裁的法律也就是为着他本人的利益而制定的法律。例如，一个杀人犯，他自己也曾经享受过今天据以决定他的罪行的同一法律的利益。这个法律曾经时时刻刻地保存着他的生命，因此他对这一法律绝无反对的理由。但是在奴隶的场合并不是如此。奴隶的法律永远不能对他有什么用处。这个法律无论在什么场合都和他作对，决不是为着他的利益而制定的。这是违背一切社会的基本原则的。

或者有人要说，这个法律对奴隶是有益处的，因为他的主人要养活着他。如果这样的话，就应该只让那些没有谋生能力的人当奴隶了。但是谁也不要这种奴隶。至于小孩，大自然把奶汁给予了他们的母亲，使他们生下来就有得吃，他们所剩余的童年时代已经很接近他们最能

[①] 我说的奴隶制是严格意义的，如罗马人的奴隶制和今天我们的殖民地里所建立的奴隶制。

做有用工作的年龄,因此我们不能说,那个将要养活他们但没有给过他们任何东西的人就有权利做他们的主人。

奴隶制不但违背自然法,而且也同样地违背民法。奴隶并不是社会的一员,所以和任何民事法规都没有关系,那么什么民法能够禁止奴隶逃跑呢?对于奴隶只能用家庭的法律——也就是说,主人的法律[9],才能不让他们逃跑。

第三节 奴役权的另一个起源

我也愿意指出,奴役权来自一个民族对另一个民族的轻视,这种轻视是以风俗的差异为基础的。

罗贝斯·德·哥马[①]说:"西班牙人在圣马尔塔附近发现了几个筐子,装着当地居民的食品:螃蟹、蜗牛、蚱蜢、蝗虫。战胜者便把这事当做是战败者的一种罪恶。"这位著者承认,西班牙人把美洲人当奴隶的权利就是建立在这个事实上;此外又因为美洲人抽烟草,而且留胡子又不是西班牙式。

知识使人温柔,理性使人倾向于人道,只有偏见使人摈弃温柔和人道。

第四节 奴役权的又一个起源

我还愿意指出,宗教给信教的人一种权利,去奴役不信教的人们,

[①] 《英国图书》,第13卷,第2篇,第3条。

以便使宗教的宣传更加容易些。

就是这种想法鼓励了美洲的破坏者们的罪恶①。在这个思想的基础上，他们建立了他们把那么多人民当奴隶的权利，因为这些强盗是很虔诚地信教的，他们绝对要当强盗兼基督徒。

路易十三世②对于规定他的各殖民地的黑人都要做奴隶的法律，感到极端地不安。但是当人们使他相信这法律是使黑人皈依基督教最稳妥的方法的时候，他便同意了。

第五节　对黑人的奴役

假若我果真要为我们把黑人当奴隶的权利辩护的话，我就要这样说：

欧洲人把美洲人灭绝之后，不得不用非洲人做奴隶，来开拓这么广阔的土地。

如果产糖植物的种植不用奴隶的话，糖便要太贵了。

这些人从脚到头都是黑的；鼻子又那样扁平，几乎不能使人怜悯。

上帝是很智慧的③，我们几乎不能相信，他竟然会把一个灵魂，尤其是一个好的灵魂，放在全部黑色的身体里。

把颜色当做构成人性的要素，这是很自然的，所以使用太监的亚洲人民，通常更明显地不承认黑人和我们欧洲人有任何关系。

皮肤的颜色可以用头发的颜色去判断。埃及人是世界上最卓越的哲学家；他们把头发的颜色看得非常重要，所以他们把俘虏中有红头

---

① 见梭里：《墨西哥征服史》；加尔基拉梭·德·拉·维加："秘鲁征服史"。
② 拉巴神父：《亚美利加诸岛旅行记》（1722年版，12开），第4卷，第114页。
③ 甲乙本作："是一个智慧的存在物。"

发的全都杀死。

黑人珍爱玻璃的颈饰，胜过文明的民族所贵重的黄金的颈饰。这就是黑人缺乏常识的一个证据。

我们不可能认为这些人是人类，因为如果说他们是人类的话，那么我们是不是基督徒，便可怀疑了。

心思狭隘的人过分地夸张了人们对非洲人非正义的待遇。因为情况果真像他们所说的那样，那么欧洲的那些君主们，在彼此之间缔结了那么许多无用的条约，竟会没想到缔结一个以慈悲与怜悯为怀的一般性的条约么？

第六节 奴役权的真正起源

现在是探求奴役权的真正起源的时候了。这个权利应该是建立在事物的性质的基础上的。让我们看一看，是不是有一些情况产生了这种权利。

在一切专制政府之下，人们可以非常容易地就把自己卖掉；在那里，政治性的奴役多少毁灭了民事上的自由。

裴里说①，俄罗斯人很容易就把自己卖掉。我很晓得是为什么。因为他们的自由不值分毫。

在亚金，人人都企求卖身。有些大贵族，占有奴隶至少在千人以上②。这些奴隶都是些大商人，而这些大商人底下也有许多奴隶，这些奴隶底下又有许多人给他们当奴隶。奴隶可以承袭，又可以买卖。

---

① 约翰·裴里：《大俄罗斯的现状》。
② 唐比埃：《周游世界记》，第 3 卷。

在这些国家里，自由人太软弱，抵挡不住政府的势力，所以他们企求成为那些施行虐政的人们的奴隶。

这就是某些国家宽仁的奴役权的起源，而且这也是合理的。这个权利必然是宽仁的，因为它是建立在一个人的自由选择上；他为着自己的利益，自由选择主人。这就形成了双方当事人相互间的契约。

第七节　奴役权的另一个起源

奴役权还有另外的一个起源。甚至人间所见到的最残酷的奴役权也以此为起源。

有的国家，酷热的天气，使人们身体疲惫，并大大削弱人们的勇气，所以只有惩罚的恐怖，才能够强迫人们履行艰苦的义务。因此，那里的奴隶制对理性的伤害较少；奴隶主对于他的君主，和他的奴隶对于他自己，是同样地怠惰；那里的"民事上的奴隶制"还伴随着"政治上的奴隶制"。

亚里士多德[1]试图证明有天然的奴隶存在；但是他所说的不能证明这点。假使有什么天然的奴隶的话，我想也就是我方才所说的那些奴隶了。

但是，因为一切人生来就是平等的，所以应该说奴隶制是违反自然的，虽然有些国家的奴隶制是建立在自然的理由上。而且，我们应该把这种国家和其他国家很好地分别开来。在其他的国家里，甚至自然的理由也是排斥奴隶制的，例如在欧洲，奴隶制是很幸运地已经被废除了。

普卢塔克在他所写的《努玛的生平》里说，在农神萨德恩的时代，

---

[1] 《政治学》，第1卷，第1章。

没有奴隶也没有主人。在我们的气候里，基督教又恢复了那个时代。

第八节　奴隶制对我们是无益的

那么，"天然的奴役"[10]，就应该局限在地球上某些特殊的国家。在其余的一切国家里，在我看来，社会所要求的劳动，无论是多么艰苦，也可以完全由自由人去做。

我所以这样想，是因为看到在基督教废除了欧洲的"民事上的奴役"之前，人们总认为矿山的工作太劳苦了，只能由奴隶或罪犯去做。但是我们知道，现在被雇佣在矿山工作的人们的生活是幸福的[①]。人们曾用些微小的特殊待遇去鼓励这种职业；使增加劳动就可以增加收入；并做到让这些人喜爱他们的生活条件，胜过他们所可能找到的任何其他生活条件。

如果支配劳动的是理性而不是贪婪的话，则任何劳动都不会太艰苦，以致达到和从事那种劳动的人的体力完全不相称的程度。在别的地方强迫奴隶去做的劳动，是可以通过技术所发明或所应用的机器的便利来代替。泰姆士瓦边疆地方土耳其人的矿山，虽然比匈牙利的矿山矿藏丰富，但是出产并不很多，因为土耳其人完全靠着他们的奴隶的双手进行开采。

我不知道我这个论点是出于我的智能或是我的良心的指使。地球上也许没有任何一种气候，不能让自由人参加劳动。由于法律制定得不好，所以才有懒惰的人；由于这些人懒惰，所以让他们当奴隶。

---

① 关于这点，我们看看北德意志哈尔兹的矿山和匈牙利的矿山情况，就知道了。

第九节[①] 一般建立了民事的自由的国家

我们天天听人说，要是我们有奴隶，多好啊！

但是，关于这点如果要做出正确的判断的话，就不应该问到底奴隶对每个国家的那一小部分富裕、淫逸的人们是否有用。无疑，奴隶对这一小部分人是有用处的。但是，从另外一个观点来看，我想这部分人当中没有一个愿意抽签决定谁应做国家的自由人，谁应做奴隶。那些最尽力为奴隶制辩护的人，便是那些最害怕这种抽签的人，而最穷苦的人也将一样害怕。因此，赞成奴隶制的叫嚷，就是奢侈和淫逸的叫嚷而已，并不是爱护公共幸福的呼声。每一个人，如果成为他人的财产、荣誉和生命的主人的话，他在私下必将感到非常高兴，而且他的一切感情必将首先为这个思想而兴奋——这是谁也不能怀疑的。关于这些事情，如果你要知道每一个人的这些愿望是否合法的话，就请你检查一下所有的人的愿望。

第十节 奴隶制的种类

奴役有两种："属物的奴役"和"属人的奴役"。属物的奴役，使奴隶附着于土地；塔西佗[②]所叙述的日耳曼人的奴隶属于这一类。这种奴隶并不在主人家庭中劳动。他们只向主人贡纳一定数额的谷物、牲畜或布匹。奴隶制的目的，仅此而已。这种奴役也存在于匈牙利、波希米亚和北德意志的一些地方。

[①] 甲乙本没有这节。这节摘自1750年致格罗理的信。
[②] 《日耳曼人的风俗》，第25章。

"属人的奴役"就是做家务的服役,同主人的个人关系较多。

最糟的奴隶制是同时属物又属人。拉栖代孟的伊洛底人①就是受到这种奴役的。他们负担主人家庭以外的一切劳动,又要在主人家里忍受各种侮辱。这种伊洛底式的奴隶制是违反事物的性质的。生活简单的人民只有属物的奴隶制②,因为他们的妻子和儿女都做家庭的工作[11]。属人的奴隶制是奢侈淫逸的人民的东西,因为奢侈需要奴隶做家里的工作。但是伊洛底式的奴隶制,则把奢侈淫逸的人民所建立的奴隶制和生活简单的人民的奴隶制合并在同样的一些人的身上。

第十一节　关于奴隶制法律应该做什么

但是不管是什么性质的奴隶制,民法一方面应该努力消除它的弊端,另一方面应该防止它的危险。

第十二节　奴隶制的弊端

在伊斯兰教国家③里,不但女性奴隶的生命和财产,而且连她的所谓懿德或贞操,都听主人任意摆布。这些国家最大不幸之一,就是其中大部分人生来就只是为另一部分人的淫逸而服务的。对这种奴役的报酬,就是奴隶们也过着怠惰的日子。这对国家又是另一种不幸。

---

① 原文为 Ilotes 与 Ilotie 二词,甲本各处作 Elotes 与 Elotie。
② 塔西佗在《日耳曼人的风俗》第 20 章里说,从生活的快乐去看,你将分不出谁是主人,谁是奴隶。
③ 见沙尔旦:《波斯旅行记》。

这种怠惰，使那些被幽禁在东方的后宫①里的人们也觉得后宫是快乐的地方。那些就只怕劳动的人们是可能在这些清静的地方找到他们的幸福的。但是这里我们看到，这和奴隶制度所以建立的精神是相违背的。

理性的要求是，主人的权力不应当超越服役的范围之外；奴隶制的目的应该是为实际效用，而不是为骄奢淫逸。贞洁的法律属于自然法，世界各国都应该意识到。

如果保护奴隶们的贞洁的法律对那些存在着玩弄一切的专制权力的国家是好的话，那么对君主政体的国家不是更好吗？对共和政体的国家不是更好么？

伦巴底人的法律里有一条规定②，似乎对任何政府都是好的。这条规定是"如果一个主人诱奸他的奴隶的妻子，该奴隶和他的妻子就都恢复自由"。这是防止奴隶主们的淫乱而又不过于严峻的妙法。

在这点上，我没看到罗马人有良好的法制。他们任凭奴隶主们毫无限制地放纵情欲；他们甚至在某种程度上剥夺奴隶们结婚的权利。奴隶是国家里最卑微的部分，但是无论他们如何卑微，他们也需要有道德。加之，如果禁止他们结婚，那便要败坏公民的道德了。

第十三节　奴隶众多的危险

奴隶众多，在不同的政体之下，就有不同的结果。在一个专制的国家里，奴隶众多并不是一个负担；建立在国家机体之内的政治的奴役，使人感觉不到民事的奴役。那些叫做"自由人"的，并不比那些

---

① 见沙尔旦：《波斯旅行记》，第2卷"伊沙古尔的市场"。
② 《伦巴底法》，第1卷，第32项，第5节。

没有这个称号的人们自由。而且，后一种人，即"太监"和"脱离奴籍的人"或"奴隶"差不多掌握处理一切事务的大权，所以一个自由人的情况和一个奴隶的情况是极相近似的。因此，在专制的国家里奴隶是少是多，几乎是无关紧要的事。

但是在政治宽和的国家里，不要有太多的奴隶，这是极重要的。在那里，政治的自由使人感到民事的自由的可贵。一个人被剥夺了民事的自由，也就被剥夺了政治的自由。他看到了社会的幸福，而自己却不是这个社会的一员；他看到了别人的安全受到法律的保障，而自己的安全却没有保障；他看见他的主人的心灵有可能提高发展，而自己的心灵却不断地遭受压抑。时时看到自由人，而自己却没有自由，没有一种情况更使人感到和牲畜所处的状态相近似了。这种人自然就是社会的敌人，如果他们的人数多了，那就太危险了。

因此，政治宽和的国家常常为奴隶的叛乱所困扰，而专制的国家，却并不常常发生奴隶叛乱，这是没有什么可奇怪的①。

第十四节　武装的奴隶

武装的奴隶在君主国不像在共和国里那么危险。在君主国里，一个好战的人民和一个贵族的团体已经足以抑制这些武装的奴隶。但是一个共和国的单纯的公民，如果要抑制那些由于手持武器因而和公民平等了的人们，那就几乎是不可能的事情了。

征服西班牙的哥特人，散居在西班牙各地，很快就变得软弱不堪。

---

① 原来由奴隶组织的埃及"麦姆鲁克"骑兵的叛乱是一个特殊的事件；篡夺帝国的就是这个民兵的团体。

但是他们制定了三种重要的法规：（一）他们废弃了禁止[①]和罗马人通婚的旧习；（二）他们规定，属于国家财政编制的一切脱离奴籍的人都要在战争时服役，违者贬为奴隶[②]；（三）他们又规定，每个哥特人出征时都要把他的奴隶的十分之一[③]武装起来，并带他们上战场。这个数目和留下来的奴隶相比是微不足道的。不仅如此，这些被带到战场的奴隶并不单独自成一队，而是在军队里，可以说，他们好像是留在家庭里一样的。

第十五节　续前

如果整个民族都是尚武的话，武装的奴隶更没有什么可怕了。

按照日耳曼人的法律，一个奴隶偷窃[④]存放的东西，所受处罚与自由人同。但是如果他用暴力[⑤]抢劫的话，他却只须把所抢的东西归还原主就够了。对日耳曼人来说，出于勇敢和强力的一切行为都不是令人厌恶的。他们使用奴隶作战。多数共和国总是想法子挫折奴隶们的勇气。但是日耳曼人因为对自己有了信心，所以总想法子增加他们的奴隶的胆量。奴隶是他们从事劫掠与获取光荣的工具。

---

① 《西哥特法》，第3卷，第1项，第1节。
② 同上书，第5卷，第7项，第20节。
③ 同上书，第9卷，第2项，第9节。
④ 《日耳曼人的法律》，第5章，第3节。
⑤ 拉丁文原文作"per virtutem"（用强力、胆敢）*，同上书，第5章，第5节。
　* 拉丁文强力、勇敢、美德等是同一个词。——译者

第十六节　政治宽和的国家所应采取的防备措施

一个政治宽和的国家，给予奴隶的人道待遇，能够防止它所惧怕的、由奴隶人数太多所能产生的危险。人们对什么东西都能习惯，甚至对奴役也能习惯，只要主人的为人不比奴役本身更使人难堪就成了。雅典人待他们的奴隶非常宽厚；因此，在雅典，人们从未看到奴隶曾经使国家发生任何纷乱；但是奴隶却动摇了拉栖代孟人的国家。

人们也从未看到奴隶曾使初期的罗马人感到任何不安。当罗马人对待奴隶失去了一切人道的感情的时候，内乱便发生了。人们把这些内乱同罗马和迦太基间发生的布匿战争相比拟[1]。

生活俭朴、喜爱劳动的民族对待奴隶，通常比那些厌恶劳动的民族要仁慈些。初期的罗马人和奴隶们一块儿生活，一块儿劳动，一块儿吃饭；对待奴隶很宽厚公平。他们给奴隶们最大的刑罚是让他们背着一块木叉杈在邻居们的面前走过。他们的风俗已经足以维持奴隶们的忠诚。因此，并不需要法律。

但是当罗马人日益强盛起来的时候，他们的奴隶已不再是他们劳动的伙伴，而是他们奢华和骄横的工具；他们的风俗已经败坏，所以他们需要法律了。他们甚至需要可怕的法律，来保障那些残忍的奴隶主的安全。这些奴隶主生活在他们的奴隶之间，就如同生活在敌人之间一样。

他们制定了《细拉尼安元老院法令》和其他的法律[2]，规定如有一个主人被暗杀，则所有在他家居住或在邻近听得到一个人的叫唤的

---

[1] 佛洛露斯说："奴隶战争曾使西西里受到比布匿战争更残酷的破坏。"
[2] 见《细拉尼安元老院法令》全文等。

地方的一切奴隶都应不加区别地处死刑。在这场合，如有人为了保全奴隶的性命而给他避难所¹²的话，则以凶手论处①。甚至奴隶因服从主人自己的命令而杀主人的也有罪②，那些没有阻止主人自杀的，也要受刑罚③。如果一个主人在旅途中被杀，那些和他在一起的和那些逃跑了的奴隶，都要处死④。所有这些法律就是对于那些被证明无辜的奴隶也是要适用的。这些法律的目的是要激发奴隶对他们的主人的无比的尊敬。这些法律不是建立在民政的基础上，而是以民政的一种流弊或缺点为依据。它们不是从市民法的公正引申出来的，因为它们和市民法的原则是背道而驰的。它们原本是建立在战争的原则上，所不同的地方是，敌人就在国家的内部。《细拉尼安元老院法令》是从万民法引申出来的，万民法认为，一个社会就是不完善的话，也要加以保存。

当官吏们觉得不得不这样制定残酷的法律的时候，就是政府的不幸。因为他们使法律的遵守变得困难，政府不得不加重对违法者的刑罚，或怀疑奴隶们的忠诚。一个谨慎的立法者是能够预见到成为一个可怕的立法者的不幸的。罗马人的奴隶不能信任法律，所以法律也不能信任奴隶。

---

① 法律文告第12节等，见《细拉尼安元老院法令》。
② 当安东尼命令伊罗杀他的时候，这就等于命令伊罗自杀，因为如果伊罗服从他的命令的话，伊罗便要被当做杀主人的凶手而受刑罚。
③ 法律Ⅰ第22节等，见《细拉尼安元老院法令》。
④ 法律Ⅰ第31节等，见同上书，第29卷，第5项。

第十七节　主奴关系的法规

官吏应该注意让奴隶有衣食，并须用法律加以规定。

法律应该注意，让奴隶在患病和年老时得到照顾。格老狄乌斯[①]规定，在患病时被主人舍弃的奴隶如果病好[13]了的话，应该获得自由。这个法律保证了他们的自由；但是还需要保证他们的生命。

如果法律准许一个主人去剥夺他的奴隶的生命的话，那么他所行使的是法官的权力，而不是主人的权力了；因此，法律就应该规定正式的程序，才可以避免强暴行为的嫌疑。

当罗马不再准许父亲杀死子女的时候，官吏们对子女则处以父亲所愿意给予的刑罚[②]。在主人对奴隶有生杀之权的国家里，如果在主奴的关系上也存在着类似的惯例，那是很合理的。

摩西的法律是极端严厉的："如果有人用棍子打奴仆或婢女而对方当场死在他的手下，他必须受刑；要是过一两天才死，就可以不受处罚，因为奴仆是出钱买的[14][③]。"一个民族的民法竟和自然法相去如此之远！

希腊人有一项法律[④]，就是一个奴隶受到主人极端的虐待，可以要求主人把他卖给另外一个人。罗马在末期也有类似的法律[⑤]。一个不满意自己奴隶的主人和一个不满意自己主人的奴隶，是应该分开的。

如果一个公民虐待另一个公民的奴隶，这个奴隶就应该可以向法

---

① 希费林：《格老狄乌斯》。
② 见亚历山大帝（指罗马的"严厉亚历山大"塞维路斯）的法典《父权》中的法律第3条。
③ 汉译文见圣经《旧约全书》中的《出埃及记》，第21章，第20节。——译者
④ 普卢塔克：《迷信》。
⑤ 见安托尼努斯·比乌斯的宪法《法制》，第1卷，第7项。

官控诉。柏拉图的法律①和许多民族的法律,都剥夺了奴隶"自然的自卫权"。因此,应该给他们"民事的自卫权"。

在拉栖代孟,奴隶不得对所受的侮辱或损害提出控诉。他们的不幸已达于极点,因为他们不但是一个公民的奴隶,而且也是公众的奴隶;他们隶属于众人,又隶属于一人。在罗马,当人们考虑一个奴隶所受的损害的时候,他们仅仅注意主人的利益②。在阿吉利安法的作用下,伤害一只牲畜和伤害一个奴隶,对于他们是一样的;他们所关心的,只是这二者的价格减低了多少而已。在雅典[15],对凌虐他人奴隶的,科以重刑,有时甚至处以死刑。雅典的法律是很合理的,因为对失掉了自由的奴隶,不应该再使他失掉安全。

第十八节　奴隶的释放

我们容易看出,在共和政体之下,奴隶多了,就有必要释放许多奴隶。困难是:如果奴隶的数目太多,便难于约束;如果脱离奴籍的人多了,他们便不能生活而成为共和国的负担。不仅如此,脱离奴籍的人数目众多和奴隶数目众多,对共和国是一样危险的。因此,法律必须注意这两种不便。

罗马所制定的各种法律和元老院法令,有的对奴隶是有利的,有的是不利的;有的限制奴隶的释放,有的便利奴隶的释放。从这些法律和法令中,我们可以清楚地看到人们在这问题上所感到的困难。人

---

① 《法律》,第9卷。
② 日耳曼各族人民的法律的精神也常常是如此。这在他们的法典里可以看见。

们有些时候甚至不敢制定法律,当尼禄①在位时,人们要求元老院准许奴隶主把忘恩的脱离奴籍的人重新降为奴隶;而尼禄帝批示,应该按个别案情审断,决不要作一般性的规定。

在这事情上,我几乎说不出一个好的共和国应该有什么样的法规;因为这事要看许多情况才能决定。下面是我的几点思考而已。

不要通过一般性的法律,突然释放许多奴隶。我们晓得在窝尔西年人地区②,脱离奴籍的人控制了票数,竟制定了一项极为恶劣的法律,使脱离奴籍的人取得对于同自由民结婚的少女的初夜权。

有各种方法可以在不知不觉之中增加一个共和国的新公民。(一)法律可以准许奴隶储蓄,使奴隶能够赎回自由。(二)法律可以规定奴役的期限,例如摩西的律例就限定希伯来人奴隶的奴役期间为六年③。(三)每年释放一些因为年龄、健康或勤俭的关系能够自谋生计的奴隶;这是轻而易举的事。(四)人们甚至可以从根本上消除这个邪恶的制度。许多奴隶和他们所分担的某几种行业是连结在一起的;如果把这些行业,如经商或航海之类,也分一部分给自由民去做的话,那么奴隶的数目也将日渐减少了。

当脱离奴籍的人多了的时候,民法就必须规定他们对原来的主人负有什么义务。否则也必须把这些义务规定在脱离奴籍的契约内,来代替民法的规定。

我们觉得,应当使他们的地位在民事关系方面优于在政治关系方面,因为就是在平民政治之下,权力也不应落入低级人民的手中。

---

① 塔西佗:《史记》,第13卷,第27章。
② 佛兰舍谬斯:《补篇》,第2时期,第5卷。
③ 《旧约全书》中《出埃及记》,第21章。

在罗马，脱离奴籍的人很多，和他们有关系的那些政治性的法律是值得钦佩的。这些法律给他们的东西很少，但几乎在一切事情上都不排斥他们。他们可以参加立法，但是在人们所要做的决议上，他们几乎毫无影响力。他们也可以担任公职，甚至可以担任祭司的职务①，但因为他们在选举上处于不利的地位，所以这种权利是有名无实的。他们有权利参加军队，但是要当兵，必须经过一定的户口调查。没有任何法令禁止脱离奴籍的人和自由民的家庭通婚②，不过不许他们和元老院议员的家庭结亲。还有一点，他们的子女是自由民，而他们自己则不是。

第十九节　脱离奴籍的人和太监

因此，在共和政体之下，使脱离奴籍的人的地位比自由民稍微低一些，而法律则努力消除他们地位上的可厌的地方，这样做常常是有好处的。但是在专制政体之下，奢侈和专横的权力支配一切，所以是不可能这样做的。脱离奴籍的人差不多老是在自由人之上。他们在君主的朝廷里，在大人物的府第里，占着优越地位。他们所研究的是他们的主人的弱点，而不是主人的品德；他们让主人按着他的弱点而不是按着他的品德进行统治。罗马皇帝时代的脱离奴籍的人就是这种样子。

如果主要的奴隶是太监，无论给予他们多少特权，也几乎不能以脱离奴籍的人看待他们。因为他们既然不能有自己的家庭，他们便由

---

① 塔西佗：《史记》，第13卷，第27章。
② 奥古斯都的演说，载狄欧：《罗马史》，第56卷。

于天性的要求而附属于别人的家庭；把他们看做公民，只是一种假定而已。

但是，有一些国家，把一切官职都给予太监们。唐比埃①说："在东京②，所有文武官吏都是太监"③，他们没有家庭；虽然他们是贪婪成性的，但是他们的主人或君主结果却从他们的贪婪本身中得到了利益。

上述的唐比埃又告诉我们④，在这个国家里，太监也需要有女人，所以他们都结婚。法律所以准许他们结婚的理由，也许一半是因为人们尊敬这些太监，一半是因为人们轻视女性。

因此，人们让他们任官职，是因为他们没有家庭；在另一方面，人们准许他们结婚，是因为他们有官职。

他们身上所余存的官能很顽强地要去补偿他们已失掉了的官能；他们又把绝望的事业当做欢乐。所以密尔顿书里的那个除"欲望"而外已无所余存的神，因为受到贬抑而愤激，竟连他在性欲上的无能也要拿来利用了。

在中国的历史上，我们看到许多剥夺太监一切文武官职的法律；但是太监们却老是又再回到这些职位上去。东方的太监，似乎是一种不可避免的祸患。

---

① 《周游世界记》，第3卷，第91页。
② 指越南上圻。——译者
③ 过去在中国也是一样，九世纪时两个阿拉伯伊斯兰教徒曾到那里去游历；当他们说到一个城市的长官的时候，他们就是用"太监"这个名词。
④ 《周游世界记》，第3卷，第94页。

第十六章　家庭奴隶制的法律和气候的性质的关系

第一节　家庭的奴役

奴隶是为着家庭而设的，但是他们并不是家庭的一部分。因此，我把奴隶所受的奴役和某些国家的妇女所受的奴役区别开来。我所谓"家庭的奴役"，即专指妇女所受的奴役。

第二节　南方国家里两性间天然存在的不平等

在气候炎热的地方，女子八岁、九岁或十岁就可以结婚[①]，所以在那些国家里，幼年和婚姻通常是联系在一起的。到了二十岁，就算是老了。因此妇女们的"理性"和"容色"永远不能同时存在。当她们的"容色"正要称霸天下的时候，"理性"却加以拒绝。当"理性"可以取得霸权的时候，"容色"已不复存在。所以妇女只好处于依赖的

---

① 穆罕默德五岁时娶卡底斯雅，八岁时和她同房。在阿拉伯和印度等炎热的国家，女子八岁就可以结婚，九岁就能生育。见普利多：《穆罕默德传》。在阿尔及尔王国，我们看到女子九、十、十一岁就可以生养。见罗及埃·德·塔西：《阿尔及尔王国的历史》，第61页[16]。

地位，因为"理性"不能在她们年老时为她们取得"容色"在她们幼年时所尚未取得的那种霸权，因此，在这些地方，如果宗教不加以禁止的话①，一个男人便遗弃发妻而另觅新欢，因而产生了多妻制，这是很简单的事。

在气候温和的地方，女子的容颜不那么易于衰老，达到适于结婚的年龄也比较迟，年纪比较大的时候才有子女，她们的年纪大，而丈夫的年纪也不小。就因为她们有较多的生活经验，所以她们结婚时已有了较多的理性与知识，因而很自然地给两性间带来一种平等，结果法律也只规定了一妻制。

在寒冷的国家，喝烈性酒几乎是一种必需的风俗，因而男子都纵饮无度。妇女在这方面有一种天然的节制，因为她们经常有防卫自身的必要。因此，妇女的理性反而强于男子。

大自然所给男子的特点，就是体力和理性。大自然对男子的权力所加的限制，除了体力和理性的限制而外，没有其他的限制。它把魅力给予女子，并且规定②，在她们的美色消逝的时候，她们超乎男子的优势也随之而尽。但是在炎热的国家里，女子的娇媚只在幼年，此后的一生就没有美色可言。

所以一妻制的法律，在生理上比较③适合于欧洲的气候，而比较不适合于亚洲的气候。伊斯兰教在亚洲很容易地建立起来，而在欧洲则一筹莫展；基督教在欧洲绵延下去，而在亚洲则受到摧毁，结局，伊斯兰教徒在中国发展得这样多，而基督徒这样少，气候是原因之

---

① 甲本作："如果没有什么法律加以禁止的话。"
② 甲本无"并且规定……随之而尽"句。
③ 甲乙本无"比较"二字。

一[①]。人类的理性永远要服从这个"最高本原",他要做什么就做什么,并随意使用一切。

某些特殊的理由使瓦连提尼耶诺斯[17][②]准许他的帝国实行一夫多妻制。这项法律对于欧洲的气候是太粗野了,所以狄奥多西乌斯、阿加底乌斯和火诺利乌斯都把它废除了[③]。

第三节　多妻和赡养能力的密切关系

有些国家,多偶制一旦建立,妻之所以多主要是由于丈夫的富裕。虽然如此,我们却不能说,在这些国家里多偶制是由富裕产生的,因为贫穷也可能产生同样的效果。我在下面谈到野蛮人的时候,对这点将加以说明。

在强盛的国家里,一夫多妻制,与其说是一种奢侈,不如说是造成极度奢侈的原因。在炎热的气候里,人们的需要较少[④],赡养妻和子女的费用也较少,所以能够娶较多的妻。

---

① 甲乙本作"因为这个缘故,伊斯兰教徒……基督徒这样少",把气候作为唯一的原因,而非"原因之一"。
② 见约南德斯《论王位和临时继任人》以及其他僧教史家的著作。
③ 见法典《犹太人与神明》,法7,又《新法》法18,第5章。
④ 在锡兰,一个人每月十个苏就够维持生活了。那里的人只吃米和鱼。见《创建东印度公司历次航行辑览》,第2卷,第1篇。

第四节 多偶制和它的各种情况①

从欧洲各个不同地方的统计来看,欧洲生男多于生女②。亚洲③和非洲④⑤则相反。关于这两洲的游记、著述告诉我们,那里生的女子比男子多得多。因此,欧洲的法律采取一妻制,而亚洲、非洲⑥准许多妻制,是和气候有一定的关系的。

亚洲寒冷的地方,也和欧洲一样,生男多于生女;喇嘛们说⑦,他们的法律准许一妻多夫就是这个理由⑧。

但是我不相信,因男女数目悬殊,以致非采用一夫多妻或一妻多夫制不可的国家会很多。我们只能说,有些国家多妻或多夫比较不违背自然;有的国家则比较违背自然而已。

旅行家们的著述告诉我们,在班谭,妇女和男子数目的比例是十对一⑨。如果这些记述是真的话,那我应该承认,这是特别有利于多妻制的例子。

所有这些,我只是叙述那些习惯的原由,而并不为它们辩护。

---

① 甲乙本的标题是:"多妻制的法律就是统计数字的问题。"
② 阿尔布诺发现,在英国男孩数目多于女孩。但人们却由此得出结论说各种气候都是如此,这是错误的。
③ 参阅康波弗尔的著作。他告诉我们,在美阿果某一次的统计中,人们看到男子是182,072人,女子是223,573人。
④ 参看斯密士《几内亚旅行记》第2篇关于安梯地方的记述。
⑤ 甲乙本没有提非洲,也没有同非洲有关的脚注。
⑥ 只有1758年版有"非洲"一词。
⑦ 杜尔亚德:《中华帝国志》,第4卷,第4页。
⑧ 阿尔布塞·爱尔·哈森是九世纪到印度和中国旅行的两个阿拉伯伊斯兰教徒之一。他竟把一妻多夫的习惯看成是卖淫。的确,没有比这种习惯更违背伊斯兰教思想的了。
⑨ 《创建东印度公司历次航行辑览》,第1卷。

第五节　马拉巴尔一项法律的原由

在印度的马拉巴尔沿岸的乃尔部族里[①]，男人只能娶一个妻子，而妇女却可以有好几个丈夫。我想我们是能够找出这个风俗的渊源的。乃尔是贵族的部族；在所有那些国家里贵族就是军人。在欧洲，军人是不许结婚的。在马拉巴尔，因气候要求更多的放纵，所以人们只好尽量使婚姻不成为负担。他们好几个人娶一个妻子，这就减少了他们对家庭的眷恋和家务的料理，让这些人得以保存尚武的精神。

第六节　多偶制本身

如果我们撇开那些使人们对多偶制还能予以容忍的情况不谈，而对多偶制作一般性的考察的话，我们可以说多偶制对人类、对两性——无论是对糟蹋人的一方或是被糟蹋的一方——都是毫无用处的。它对子女也一无好处，因为它的大不便之一是父母对自己的儿女不能同样地疼爱；一个母亲能够爱两个子女，但是一个父亲不可能用一个母亲对两个子女那样的厚爱去爱二十个子女。当一个妇女有几个丈夫的时候，那就更糟了，因为在这种场合，只有在一个父亲愿意相信并且能够相信，或是其他父亲能够相信，某几个孩子是他的孩子的时候，才能有父爱。

[①] 佛兰西斯·比拉尔：《旅行记》，第27章。《耶稣会士书简集》第3辑和第10辑，关于马拉巴尔海岸的马列阿米人。人们认为这是军人职业的流弊。据比拉尔说，婆罗门种姓的女子从来不嫁几个丈夫。

据说①，摩洛哥王在他的后宫里，有白色妇女、黑色妇女和黄色妇女。但是这个可怜虫啊！他是几乎什么肤色的妇女都不需要的②。

有了许多妻子，通常并不能防止一个人羡慕别人的妻子③；淫欲和贪婪是一样的，得到了财宝反而更加渴望财宝。

在查士丁尼的时代，许多哲学家因为厌恶基督教，隐退到波斯高士洛斯附近的地方去。据阿加提亚斯说④，最使他们感到惊奇的是，那里准许多偶，但是多偶的人依然和人通奸。

我们也许可以说，多妻就是那种大自然所不许可的情欲⑤的根源。因为一种恶行通常产生另一种恶行。在君士坦丁堡⑥发生革命，苏丹阿基默德¹⁸被迫退位的时候，据历史记载，那时老百姓曾劫掠佳雅别墅，里头连一个女人也没有看见。据说，在阿尔及尔⑦，大多数后宫里的人竟然不是女子⑧。

第七节　多妻的平等待遇

多妻的法律便产生平等对待各妻的法律。穆罕默德准许人们娶四个妻子，但规定对待她们一切都要平等：饮食、衣服、婚姻上的义务。

---

① 甲乙本没有这一段。
② 指他宠男色。——译者
③ 就是因为这个缘故，东方人尽量把妇女隐藏越来。
④ 阿加提亚斯：《查士丁尼的生活与行动》，第403页。
⑤ 指男色。——译者
⑥ 甲乙本作"我记得：在君士……"。
⑦ 罗及埃·德·塔西：《阿尔及尔王国的历史》。
⑧ 甲乙本上面三段的次序不同。

043

在马尔代夫群岛，人们得娶三个妻子；那里也施行同样的法律①。

摩西的律例②甚至规定，如果有人让他的儿子和一个奴隶结婚，而这个儿子以后又和一位自由的女子结婚的话，他对前妻绝对不得中止衣服、食物的供应和婚姻上的义务。他对新妻也许可以多给一些，但对前妻不得减少。

第八节　男女隔离

在淫逸、富裕的国家里，人们拥有很大数目的妻子。这是多妻制的后果。由于妻子的数目惊人，当然要把她们幽禁起来，使与男子隔开。要维持家庭的秩序，就必须如此。这就像一个破产的债务人想法子隐藏起来，逃避债权者的追索。有的地方因气候关系，自然的冲动极强，道德几乎是无能为力的。倘若让一个男人和一个女人单独在一起，诱惑将带来堕落，必然会有进攻而不会有抵抗。这些国家，不需要箴言诰诫，而需要铁窗门闩。

中国一本古典的书③认为一个男人在偏僻冷落的房屋内遇到了单身的妇女而不对她逞暴行的话，便是了不起的德行。

---

① 佛兰西斯·比拉尔：《旅行记》，第12章。
② 《旧约全书》中《出挨及记》，第21章，第10、11节。
③ "在没人的地方，发现一件可以据为己有的宝物；在一个偏僻的房屋内遇到一个美女；听到自己的敌人求救的呼声，如果不去救他，他就死了；这些情况就是考验一个人道德的最好的试金石。"译自中国的一部论道德的书，见杜亚尔德：《中华帝国志》第3卷，第151页。

第九节 家政与国政的关系

在一个共和国里,公民的生活条件是有限制的,是平等的、温和的、适中的。一切都蒙受公共自由的利益。在那里,要向妇女行使威权是不那么容易行得通的。在气候需要这种威权的地方,单人统治的政体一向是最适宜的政体。在东方要建立平民政治,总是那样困难,其原因之一即在此。

反之,对妇女的奴役是极符合于专制政体的特质的。专制政体所欢喜的就是滥用一切权力。因此,在亚洲,无论什么时代,我们都看到家庭的奴役和专制的统治总是相辅而行的。

如果一个政体,它的首要要求就是安宁,又把绝对的服从叫做太平的话,那么就应该把妇女都幽闭起来,否则她们的阴谋诡计将给丈夫带来极大的不幸。要是一个政府,没有时间去了解国民的行为的话,它便单凭表面现象和感觉对一切行为采取怀疑的态度。

我们欧洲的妇女,心思浮佻,言行轻率,有她们自己的爱好与嫌厌,有高尚与薄弱的情感。如果把我们妇女的这一切搬到一个东方的国家去,使她们像在我们社会中那样的活跃,那样的自由,能有一个家庭的父亲得以享受片刻的安宁么?到处都将是受猜疑的人,到处都将是敌人;国家便将倾覆,人们将看到大流血。

第十节 东方的道德原则

在多妻的场合,家庭越失去单一性,法律便越应该把那些支离分散的部分团结在一个共同的中心;利益越是分歧,法律便越应该引导这些分歧的利益走向统一。

这特别是依靠幽闭来实现的。人们不但应该用家屋的围墙把妇女和男人隔开，而且在同一个围墙内她们也应该隔离起来，使她们在家庭里各自有一个特殊的家庭。妇女们就从这里获得一切道德的实践：廉耻、贞操、端庄、恬静、和平、服从、尊敬、爱情，最后，使一切的感情都倾向于世界上在本质上最好的东西，那就是，单纯地对家庭的依恋。

妇女自然有许许多多要尽的义务，要尽妇女们特有的义务。所以一切能够激励她们其他思想的东西，一切我们当做娱乐的东西，一切我们叫做事务的东西，都不能完全排除妇女们参加。

我们看到，东方的许多国家，妇女的幽闭越严，风俗也越纯洁，在大国，就一定有大贵族。财富越多，就越有能力把妻子严禁在深闺里，并防止她们再进入社会。因为这个缘故，在土耳其、波斯、莫卧儿、中国、日本等帝国，妻子的品行实在令人惊叹[19]。

但是关于印度，我们就不能这样说了。无数的岛屿和地理形势把它分裂成为无数小国；许多原因使这些小国成为专制国家。这些原因，我在这里没有时间加以论述了。

那里的掠夺者只是些可怜虫，被掠夺者也只是些可怜虫。那里叫做大人物的，只有极少的财富；叫做有钱的，只是足够生活而已。因此，对妇女的幽闭就不能那么严格；他们也不能采取多大的防备措施去约束她们，因此，他们的风俗的腐败是不能想象的。

在那里，我们可以看到与气候有关的邪恶。如果得以完全自由地放纵，将会使风俗败坏到怎样的一种程度。在那里，生理的要求力量大,而羞耻心则软弱到不可理解的程度。在巴丹①,妇女们的性欲②非常强烈,所以男人不得不使用某种装饰物作掩蔽,避免受她们的算计。据斯密士③说④,几内亚的那些小王国并不见得好些,似乎在那里的男女甚至连两性各自的规律也给破坏了。

第十一节　与多偶制无关的家庭奴役

在东方的某些地方,幽闭妇女不但是因为多妻,也是因为气候。在果阿和印度的各葡萄牙殖民地,宗教只准许娶一个妻子。但是妇女们的放荡行为曾造成了恐怖、犯罪、诈欺、暴行、毒杀、暗杀。我们在书中读了这些东西以后,再把它们和土耳其、波斯、莫卧儿、中国、日本等地的妇女们品行的天真纯洁相比较,我们便清楚地看到,不论是一妻或多妻,常常都有必要把女子和男子分开。

这些事情应该由气候去决定。在我们北方各国,风俗天然就是好的;人们的一切情感都是平静的,不太活泼,不太风雅,爱情很有秩序地统治着人们的心灵,所以只要最少的行政力量,就可以领导他们;在这些国家里,把妇女们幽闭起来,有什么用处呢?

---

① 《创建东印度公司历次航行辑览》,第 2 卷,第 2 篇,第 196 页。
② 在马尔代夫群岛,女儿在十、十一岁时,父亲便把她们嫁出去,因为他说,让她们忍耐对男性的需求,是很大的罪过。佛兰西斯·比拉尔:《旅行记》,第 12 章。在班谭,女孩子到了十三四岁就应该把她嫁出去,如果不愿意她过放荡的生活的话。《创建东印度公司历次航行辑览》,第 348 页 *。
　 * 甲乙本无此注。
③ 甲乙本无"据斯密士说"。
④ 《几内亚旅行记》第 2 篇说:"当女人们碰到一个男人的时候,便把他抓住,并恐吓他,如果他不依从的话,要向她们的丈夫告发。她们偷偷地上男人的床,把他叫醒,如果他不依从她们的愿望,她们便恐吓要让人当场来抓他和她们。"

047

在这些气候之下,人们彼此交往[20];最娇媚的女性仿佛是社会的美饰;结了婚的妇女,虽只承一人之欢,但仍然可以给予大家交际上的快乐[21]。在这种气候之下,生活是幸福的。

第十二节 天然的贞操

一切民族对妇女的淫乱都是鄙视的。这是大自然给一切民族的训示。大自然规定了防卫,也规定了进攻。它把情欲种植在两性双方,给男性勇敢,给女性娇羞。它给每个个人长久的岁月去保存自己的生命,但只给他们瞬息的时间去延续种类。

所以如果说,淫乱是遵循自然的规律的话,那是不对的;相反,淫乱正是违背了自然规律。遵循这些规律的是贞洁与节制。

加之,觉察缺点是"智灵的存在物"的本性。因此,大自然使我们有羞耻之心,这就是对我们的缺点觉得羞耻。

因此,当某种气候的自然力量违背了两性的自然规律和"智灵的存在物"的自然的规律的时候,立法者就应该制定民法去战胜气候,以恢复原始的法则。

第十三节 嫉妒

各个民族应该将情欲上的嫉妒和由习惯、风俗和法律所产生的嫉妒,很好地加以区别。前一种嫉妒是一种贪婪的、炽烈的热狂。后一种嫉妒是冷静的,但有时候是可怖的;它可能同时表现出冷淡与轻蔑。

前一种嫉妒是爱情的误用;是从爱情本身产生出来的。后一种嫉妒是纯粹来自民族的风俗习惯，来自国家的法律，来自伦理，甚至来自宗教[1]。

一般地说，嫉妒几乎都是气候的自然力量所产生的后果；它同时又是治疗这种自然力量的药剂。

第十四节 东方治家的方式

在东方，妻子是时常更换的，所以她们不能掌理家政。因此，人们把家政交给了阉人，把所有的锁匙都交给他们；家庭事务由他们处理。沙尔旦说，"在波斯，人们把妻子所需要的衣服给她们，像对待小孩一样。"衣服的事，最适宜于由妻子管理；在任何其他地方也都是她们的第一件事务，但在波斯，却和她们毫不相关了。

第十五节 离婚和休婚

离婚和休婚有这个区别：离婚是由于双方感情不和，经双方同意而成立的。休婚是出自一方的意愿，为着一方的利益而成立的，完全不顾另一方的意愿与利益。

妇女们有时很有必要提出休婚，但进行休婚对她们常常是很不愉快的事；休婚的法律又是残酷的，它只把休婚权利给予男子，而女子是没有的。丈夫是家庭的主人；他可以用千方百法去使他的妻子谨守她的本分，或是使不守本分的妻子重新守她的本分。因此，休婚掌握

---

[1] 穆罕默德吩咐他的信徒要监视他们的妻子。某一个伊斯兰教的导师在临死时也说这样的话。孔子也宣传同样的教义。

在丈夫的手中,似乎只能是他的权力的多一种滥用而已。但是一个妻子进行休婚,只是行使一种悲惨的补救手段。她已经嫁过一个丈夫,她的容颜已逐渐衰老,这时竟不得不再去寻找第二个丈夫,这对她常常是莫大的不幸。女性妙龄时期的娇艳的可贵,就是到了衰暮之年,还能使丈夫回忆过去的欢乐;因而心满意足,恩爱不渝。

所以一般的规则应该是:凡是给男子休婚权利的国家,也就应该给女子同样的权利。不仅如此,在气候使女子生活于家庭奴役状态的场合,法律似乎应该准许妻子有休婚的权利,并且只准许丈夫有离婚的权利。

如果妻子们是被幽闭在深闺之内的话,丈夫不应该因为她们有失妇德而要休婚,因为如果她们有失妇德,那是丈夫的过失。

除了在一妻制的地方,绝不应当因妻子的不生育而休婚①,在多妻的场合,妻子不生育对丈夫是无关紧要的。

马尔代夫人的法律准许重娶被休的妻子②。墨西哥的法律,过去禁止重新结合,违者处死刑③。墨西哥的法律比马尔代夫人的法律合理些,因为甚至在分离的时候,它还注意到婚姻的永久性。马尔代夫人的法律则不然,它仿佛对于婚姻和休婚都一样地看做儿戏。

墨西哥的法律过去只容许离婚。这又是一个理由,使它绝不容许那些已经自愿离异的人们重新结合。休婚似乎比较是出于急躁的心情,出于心灵上的某种感情;而离婚则好像是一种经过慎思熟虑的事情。

---

① 这并不是说,基督教应该准许因不生育而休婚*。
　*甲乙本没有这个注。
② 佛兰西斯·比拉尔《旅行记》载:"丈夫不要别人,而重娶旧妻,是因为这样比较省钱"。
③ 梭里:《墨西哥征服史》第499页。

离婚在政治上通常有重大的作用。但是如果论到它的民事效用的话，我们可以说，它是为着夫妻双方而建立的，但对于子女则始终是不利的。

第十六节　罗马人的休婚和离婚

罗慕露斯准许丈夫休妻，如果妻与人通奸，准备放毒，或伪造钥匙的话。他完全没有给妇女以休婚的权利。普卢塔克把这个法律叫做极端残酷的法律①。

雅典法律②把休婚的权利同样地给予妻子和丈夫。在初期的罗马，虽然有罗慕露斯的法律，但是妇女们也获得了休婚的权利。所以我们可以清楚地看到，这个制度是罗马的代表们由雅典学来的制度之一；这个制度被规定在十二铜表法里。

西塞罗说，休婚的理由是来自十二铜表法的③。因此，我们不能怀疑，十二铜表法增加了罗慕露斯所制定的休婚理由的数目。

离婚的权利也是十二铜表法的一项规定，至少也是十二铜表法所产生的后果。因为夫妻既各有休婚的权利，那么，就更可以按照双方一致的意愿而离异了。

法律并没有要求必须提出离婚的理由④。由于事物的性质的关系，休婚应该说明理由，而离婚的理由则不必说明，因为不管法律规定解

---

① 《罗慕露斯传》，第 11 章。
② 这是梭伦的一项法律。
③ 《菲利普二世》第 69 章："他命令女伶为她自己提出 [修婚的] 诉讼；[休婚的] 理由是依据十二铜表法而增加的。"
④ 查士丁尼更改了这条。《新法》法 117，第 10 章。

除婚姻关系应有哪些理由，双方的互相嫌恶总是最主要的理由吧！

狄欧尼西乌斯·哈利卡尔拿苏斯[①]、瓦列利乌斯·马克西穆斯[②]和奥露斯·格利乌斯[③]谈了一件事情。我看这种事情是不会有的。他们说，在罗马虽然人们有休妻的权利，但是因为人们非常信仰占卜，所以在五百二十年[④]的期间，没有人用过这种权利，直到卡尔维利乌斯·露加才休了他的妻，因为她不生育。我们只要了解人类精神的本性，便足以感觉到，法律把这样一种权利给予全体人民，而竟没有人使用它，是如何奇怪的事！科利奥兰奴斯，因被放逐，在要动身的时候，嘱咐[⑤]他的妻子再嫁一个比他更幸福的人。我们刚刚看到，十二铜表法和罗马人的风俗曾大大地扩大了罗慕露斯的法律的适用范围。倘使人们从来没有使用休婚的权利的话，为什么会有这种情况呢？不仅如此，如果说，公民非常信仰占卜，认为休婚不祥，所以从来不休婚的话，那么罗马的立法者们难道就能够比公民们少信仰占卜么？难道法律就可以不断地败坏风俗么？

我们只要把普卢塔克的两段话做个比较，则这件事情不可思议的地方便将消逝。我们在前面提到，有三种情形罗慕露斯王的法律[⑥]准许丈夫休妻。普卢塔克还说[⑦]："王法规定，在其他情形休妻的人，就应当把他的财产的一半给他的妻子，把另一半奉献给丰谷女神赛利

---

① 《罗马古代史》，第2卷。
② 《著名作家言行录》，第2卷，第4章。
③ 《阿的喀夜话》，第4卷，第3章。
④ 这是依据以上三人中前两人的说法。奥露斯·林利乌斯则说是五百二十三年。因此，他们所说的有关的执政官们也不一样。
⑤ 见《维都利亚的演说》，载狄欧尼乌斯·哈利卡尔拿苏斯：《罗马古代史》，第8卷。
⑥ 普卢塔克：《罗慕露斯传》。
⑦ 同上。

斯。"可见只要甘心情愿接受这种处罚的话,人们不论在什么情况下都可以休妻。在卡尔维利乌斯·露加之先,还没有人休过妻①。又据普卢塔克说②,"露加在罗慕露斯二百三十年后休了他的妻子,因为她不生育。"这就是说,他的妻被休弃是在十二铜表法前七十一年。十二铜表法又扩大了休婚的权力,增添了休婚的理由。

  我所引证的这些著者们说,卡尔维利乌斯·露加爱他的妻子,但是因为她不生育,监察官要他宣誓把她休弃,使他能够为共和国增添子女;这使他被人民厌恶[22]。我们先要认识罗马人民的特性,然后才能发现他们憎恨卡尔维利乌斯的真正原因。他休弃他的妻子,并没有使他为人民所唾弃;这件事绝对不是人民所关心的。但是卡尔维利乌斯向监察官宣誓说,因为他的妻子不生育,所以他休弃她,以便为共和国增添子女。人民看到,这是监察官们将要加在人民身上的一种束缚。在本书的后面部分③,我将让人们看到,罗马人民对这类法规常常是厌恶的④。但是这些著者所说的为什么互相矛盾呢?因为普卢塔克是在研究事实,而其他的著者是在纵谈奇闻轶事⑤。

---

① 诚然,不生育并不是罗慕露斯法律所规定的理由中的一种。看来露加并没有受没收的处分,因为他是遵从监察官们的命令而休妻的。
② 《蒂塞乌斯和罗慕露斯的比较》。
③ 第 23 章,第 21 节。
④ 甲乙本作"……是厌恶的,我们应该用法律去解释法律,用历史去解释历史"。
⑤ 甲乙本没有末后这两句:"但是这些著者……奇闻轶事。"

第十七章 政治奴役的法律和气候的性质的关系

第一节 政治奴役

政治奴役和气候性质的关系并不少于民事的和家庭的奴役和气候性质的关系。现在加以说明。

第二节 各民族勇怯的不同

我们已经指出,炎热的气候使人的力量和勇气委顿;而在寒冷的气候下,人的身体和精神有一定的力量使人能够从事长久的、艰苦的、宏伟的、勇敢的活动。不仅在国与国之间是如此,即在同一国中地区与地区之间也是如此。中国北方的人民比南方的人民勇敢[1],朝鲜南方的人则不如北方的人勇敢[2]。

因此,当我们看到,热带民族的怯葸常常使这些民族成为奴隶,而寒冷气候的民族的勇敢使他们能够维护自己的自由,我们不应当感到惊异。这是自然的原因所产生的后果。

---

[1] 杜亚尔德:《中华帝国志》,第1卷,第112页。
[2] 中国的书上这样说。见同上书第4卷第448页。

在亚美利加也是如此。墨西哥和秘鲁的专制国家都是接近赤道的；差不多所有自由的小民族在过去和现在都是接近两极的。

第三节 亚洲的气候

旅行家们的记述[①]告诉我们："亚细亚北部广阔的大陆，从北纬四[②]度或约四[③]度到北极，从俄罗斯的边界到东方的大洋，气候是极端寒冷的；这块广大的土地上，有一条从西向东的山脉把它分开，西伯利亚在它的北方，大鞑靼在它的南方；西伯利亚气候严寒，所以除了几个地方之外，是不适宜于耕种的；虽然俄罗斯人在伊尔吉兹河沿岸一带有居留地，但是他们绝不耕种；这地区只生长一些小枞和灌木。本地土著则分成一些可怜的部落，和加拿大的土著一样；那里所以寒冷，一来是因为地势高，二来是因为有山的缘故；这些山由南向北伸展，逐渐平夷，所以北风到处吹打，无所阻蔽；这个风使诺瓦珍布拉不能住人；它又吹入西伯利亚，使地方荒芜；欧洲则正是相反，挪威和拉普兰的群山是极好的屏障，掩蔽北方诸国，使不至受到风的袭击；因此约在北纬五十九度的斯德哥尔摩，土地生产果实、谷类和植物；亚波附近，是六十一度，甚至六十三、四度，但有银矿，而且土地相当肥沃。"

在这些记述中，我们也看到，"位于西伯利亚南方的大鞑靼也是非常寒冷的；地是不能耕种的，除了可供畜牧用的草原而外，一无所有；树木是不会生长的，只有荆棘，像在冰岛一样；和中国及莫卧儿

---

① 见《北方旅行记》第8卷、《鞑靼史》和杜亚尔德《中华帝国志》第4卷。
② 应该是四十度。——译者
③ 同上。

邻近的一些地方，出产一种黍子，但是麦子和水稻是不能种植的；在北纬四十三、四十四、四十五度的华属鞑靼，差不多没有一个地方不是一年冻冰七、八个月的，因此它和冰岛同样地寒冷，虽然它［从地位上看］应该比法国南部还温暖；除了接近东边的海洋方面有四五个城市，和中国人由于政治的理由在中国附近建造的几个城市而外，那里是没有城市的；在大鞑靼的其余地方，只在布加利、土耳其斯坦和加利逊有几个城市。这种极端的寒冷，是因为土地的硝石性，充满硝石和细沙，此外，又因为地势高的缘故。南怀仁神父发现在长城北方八十里欧近克哈密兰河源，有一个地方，高出接近北京的海岸三千几何步尺①；因为这个高度②，所以虽然所有亚洲的大河几乎都发源在这地方，但它却缺乏水，以致只有在河边和湖畔才可以居住人。"

从这些事实，我得到的结论是：正确地说，亚细亚是没有温带的；和严寒的地区紧接着的就是炎热的地区，如土耳其、波斯、莫卧儿、中国、朝鲜和日本等。

欧洲正相反，温带是广阔的，虽然它的四周的气候彼此极相悬殊，西班牙、意大利的气候和挪威、瑞典的气候便迥然不同，但是当我们由南方走向北方，气候几乎是依照各国的纬度的比例，在不知不觉之中逐渐转冷，因此相毗连的国家的气候几乎相类似，没有显著的差别，正如我刚刚说过，温带极为广阔。

因此，在亚洲强国和弱国是面对着面的；好战、勇敢、活泼的民族和巾帼气的、懒惰的、怯懦的民族是紧紧地相毗连着的；所以一个民族势必为被征服者，另一个民族势必为征服者。欧洲的情形

---

① 步尺亦称步幅：几何步尺，亦称大步尺；一个几何步尺，等于50至60英寸。——译者
② 鞑靼就像一种平顶的山。

正相反；强国和强国面对着面，毗邻的民族都差不多一样地勇敢。这就是亚洲之所以弱而欧洲之所以强的重要原因；这就是欧洲之所以有自由而亚洲之所以受奴役的重要原因。这个原因，我不知道曾有人指出过没有[23]。由于这个原因，在亚洲，自由没有增加过，而在欧洲，自由则随着情况或增或减。

俄罗斯的贵族有一个君主，他使他们处于被奴役的地位，但是他们常常表露出不能忍耐的神色，这种表现在南方气候之下是绝对看不见的。我们不是已经看见俄罗斯曾在几天中建立起贵族政府了么？北方还有另外一个王国①，它已失去自主；但是我们可以信赖气候，由于气候的缘故，它的主权虽已丧失，但不是永无恢复的日子。

第四节　上述情况的后果

上面所说的同历史上所发生的事件正相符合。亚细亚曾经被征服过十三次；十一次的征服者是北方的民族，两次是南方的民族。在古时，西徐亚人征服了它三次；其后米太人和波斯人各一次，后来希腊人、阿拉伯人、莫卧儿人、土耳其人、鞑靼人、波斯人、阿富汗人[24]也都征服过它。我说的只是亚细亚的腹心地带，而完全不谈其余南方各地所受的侵略。南部的这些地方曾经不断地受到巨大的变动的痛苦。

欧洲的情形正相反，据我们所知道，自从希腊和腓尼基的殖民地建立到现在，只发生过四次巨大的变化；第一次是罗马人的征略所引起的；第二次是由于野蛮人的侵入，他们摧毁了这些罗马人；第三次

---

① 指的是波兰。——译者

是由于查理曼的胜利；末后一次是由于诺曼人的侵略。如果我们对这些情况仔细加以研究的话，我们就会发现，甚至在这些大变化当中，总有一股力量普遍地存在着并散布在欧洲的各个角落。我们知道，罗马人征服欧洲，曾经遇到多大困难，但是侵略亚洲却是易如反掌。我们也看到北方民族在推翻罗马帝国时所遇到的困难；看到查理曼的战争和艰苦，以及诺曼人的种种冒险。摧毁者曾不断地被摧毁。

第五节　亚欧北方民族都从事征略而结果不同

欧洲北方的民族是以自由人的资格从事征略的；而亚洲北方的民族是以奴隶的资格从事征略的，而且他们的胜利是为着一个主人的光荣和野心。

原因是，鞑靼人民虽然是亚洲的天然的征服者，但自身却是奴隶。他们不断地在亚洲南部进行征略，建立一些帝国，但是那些留在本国的鞑靼人却发现统辖他们的已经是一个大国之君了，这个大国之君在南方是暴虐的，在北方也同样是暴虐的；对被征服的臣民施用专制权力，对作为胜利者的臣民也主张施用专横的权力。现在，这点在那个叫做"华属鞑靼"的广大地区里，是再显著不过了。那里受到皇帝的暴虐的统治差不多和中国本部所受到的相同；而且，皇帝通过征略，还天天扩大他的暴虐统治。

在中国的历史上，我们也看到一些皇帝[①]把中国人遣送到鞑靼去殖民。这些中国人变成了鞑靼人，并成为中国的死敌。但是这并不能

---

① 例如汉文帝。

防止这些中国人把中国政制的精神带进鞑靼去。

鞑靼民族常有一部分征服了其他民族的鞑靼人又被人驱逐掉。他们便把他们在奴隶制气候里所获得的奴隶思想带回沙漠里去。中国的历史，同我们的古代史一样，都提供了有力的事例①。

所以，哲特或鞑靼民族的气质常常同亚洲各帝国的人民的气质相类似。亚洲的这些帝国的人民，是用短棒统治的。鞑靼的人民是用长鞭统治的。欧洲的精神同这种习气永远是水火不相容的。在一切时代里，亚洲人民叫做刑罚的，欧洲人民则叫做暴行②。

摧毁了希腊帝国的鞑靼人，在被征服的国家里建立奴隶制和专制主义；哥特人[25]在征服罗马帝国之后，到处建立君主政体和自由。

著名的路得贝克[26]在他的《大西洋》一书中对斯堪的纳维亚推许备至。在那里居住的那些民族大有特权可以居于世界众民族之上。我不知道路得贝克曾否谈到这个特权。这些民族是欧洲的自由的泉源，也就是几乎一切今天存在于人间的自由的泉源。

哥特人约南德斯称北欧为"人类的工厂"③。我认为还不如把它叫做制造工具以砍断南方所铸造的锁链的工厂。骁勇的民族在欧洲的北方形成；他们走出自己的国家，去摧毁暴君舆奴隶制度，并教育人类，使他们知道大自然所造的人是平等的；除非是为着他们的利益，理性不得使他们依赖屈从。

---

① 西徐亚人三次征略亚洲，三次被驱逐掉。查士丁尼：《世界史纲》，第2卷，第3章。
② 这和我在下面第23章第20节关于日耳曼各民族对棍子的想法里所叙述的毫不矛盾。不管用什么工具打人，他们一向认为打人的权力或打人的专制行为是一种侮辱。
③ 拉丁原文为 Humani generis officinam。

第六节 关于"亚洲的奴役"与"欧洲的自由"的另一个自然原因

在亚洲，人们时常看到一些大帝国；这种帝国在欧洲是绝对不能存在的。这是因为我们所知道的亚洲有较大的平原；海洋[①]所划分出来的区域广阔得多；而且它的位置偏南，水泉比较容易涸竭；山狱积雪较少；河流[②]不那么宽，给人的障碍较少。

在亚洲，权力就不能不老是专制的了。因为如果奴役的统治不是极端严酷的话，便要迅速形成一种割据的局面，这和地理的性质是不能相容的。

在欧洲，天然的区域划分形成了许多不大不小的国家。在这些国家里，法治和保国不是格格不相入的；不，法治是很有利于保国的；所以没有法治，国家便将腐化堕落，而和一切邻邦都不能相比。

这就是爱好自由的特性之所以形成；因为有这种特性，所以除了通过商业的规律与利益而外，每一个地方都极不易征服，极不易向外力屈服。

反之，一种奴隶的思想统治着亚洲；而且从来没有离开过亚洲。在那个地方的一切历史里，是连一段表现自由精神的记录都不可能找到的。那里，除了极端的奴役而外，我们将永远看不见任何其他东西。

---

① 甲乙本作"山岳和海洋"。
② 河川在汇集前或汇集后就流失或蒸发。

060

第七节 非洲与美洲

关于亚洲和欧洲,我所能够说的就是这些。非洲的气候和亚洲南部相同,所以也受着相同的奴役。欧洲和非洲的国家曾破坏了美洲①并重新在那里殖民,所以今天的美洲已几乎不能表现它原有的精神;但是它的古代的历史,按照我们所知道的来说,同我们的原则是很相符合的。

第八节 帝国的首都②

从刚才所说,我们可以获得一个结论,就是:对一个大国的君主来说,正确地为他的帝国选择首都是一件重要的事[27]。如果他把首都设在南方,就有失去北方的危险;如果他定都于北方,他就会容易地保有南方。我谈的不是特殊的情形。机器常常有许多摩擦,使理论上的效果发生变化或迟延;政治也是一样。

---

① 美洲有一些野蛮的小民族;西班牙人把他们叫做"勇敢的印第安人",使这些民族屈服要比墨西哥和秘鲁这种大帝国困难得多。
② 甲乙本没有这节。

第十八章　法律和土壤的性质的关系

第一节　土壤的性质怎样影响法律

一个国家土地优良就自然地产生依赖性。乡村的人是人民的主要部分；他们不很关心他们的自由；他们很忙，只是注意他们自己的私事。一个财富充实的农村所怕的是抢劫，是军队。西塞罗曾对阿蒂库斯说①："这伙善良的人都是些什么人？是商人和农民么？我们不要想象，以为这些人反对君主政体；因为只要给他们太平的话，一切政体对他们都是一样的。"

因此，土地肥沃的国家常常是"单人统治的政体"，土地不太肥沃的国家常常是"数人统治的政体"；这有时就补救了天然的缺陷。

阿提加的土壤贫瘠，因而建立了平民政治；拉栖代孟的土壤肥沃，因而建立了贵族政治。因为在那个时代，希腊反对"单人统治的政体"，而贵族政治和"单人统治的政体"最相近。

普卢塔克告诉我们②，雅典平定了西罗尼安叛乱后，这个城市旧时的纷争便又重演了，并且因阿提加国家土地的种类不同，分成了许

---

① 《致阿蒂库斯书简》，第7卷，第7信。
② 《梭伦传》，第8章。

多党派。居住在山地的人坚决主张要平民政治，平原上的人则要求由一些上层人物领导的政体；近海的人则希望一种由二者混合的政体。

第二节 续前

肥沃的地方常常是平原，无法同强者对抗，只好向强者屈服；一经屈服，自由的精神便一去不复返了；农村的财富就成为那里的人们忠顺于强者的担保品。但是在多山地区，人们能够保存他们所有的东西，同时，他们所要保存的东西也并不多。他们所享有的自由，就是说他们的政体，成为值得他们保卫的唯一的幸福。因此，自由在崎岖难行的多山国家，比在那些得天独厚的国家，更占有重要的地位。

多山国家的人民，保存着比较宽和的政体，因为他们不那么容易被征服。他们容易防御，而很难受到袭击。如果要进攻他们，集中与运送军火和粮草要花费巨资，因为这种国家是不能供给这些东西的。所以要和山区的人们作战是比较困难的，而且也是一个比较危险的企图；在那里，为人民的安全而制定的一切法律，也不是很必要的。

第三节 怎样的国家土地开垦得最好

国家土地的开垦并不是因为土壤肥沃，而是因为国家有自由。如果我们根据想象把世界划分一下的话，我们便要惊奇地看到，最膏腴的地方几乎在大多数的时代都是荒芜的，而在那些土壤似乎什么都不出产的地方却出现了强盛的民族。

一个民族总是离开坏的地方去寻找较好的地方，而不是离开好的地方去寻找较坏的地方,这是很自然的。因此,受侵略的多半是那些得天独厚的国家。而且"蹂躏"和"侵略"就像形影之相随,所以最美好的地方也最是常常被弄得人烟稀绝;而那些北方可怕的地方反而经常有人居住,就因为那些地方几乎是难以居住的。

历史家们向我们叙述斯堪的纳维亚的人民向着多瑙河的两岸移动的经过。我们看到,那并不是什么征略,而仅仅是向一些荒芜的地区移居而已。

可见这些气候优美的地方,从前曾经被其他民族的移动弄得人烟灭绝;而我们不知道这些悲剧经过的情形。

亚里士多德[①]说:"从古代一些石碑来看,萨地尼亚似乎是希腊的一个殖民地。它从前很富庶;以爱好农业而著名的亚利斯德斯神给它制定了法律。但是以后便衰微下去,一蹶不振了;因为迦太基人成了他们的主人,把一切可以养活人类的东西都破坏了,并且禁止耕种土地,违者处以死刑。"萨地尼亚在亚里士多德时代元气完全没有恢复;今天也是如此。

波斯、土耳其、俄罗斯和波兰的最温暖的地区曾受到大小鞑靼人的蹂躏,还不能恢复过来。

第四节 国家土地肥瘠的其他结果

土地贫瘠,使人勤奋、俭朴、耐劳、勇敢和适宜于战争;土地所不给予的东西,他们不得不以人力去获得。土地膏腴使人因生活宽裕

[①] 《奇事》一书的作者。

而柔弱、怠惰、贪生怕死。

人们曾经指出,在农民富裕的地方(例如在萨克森)所招募的日耳曼军队,就不像别的地方那样好。可以在军法里规定严峻的纪律,来补救这个缺陷。

第五节 岛屿的人民

岛屿的人民比大陆的人民爱好自由,岛屿通常是很小的[①];一部分的人民不那么容易被用来压迫其他部分的人民;海洋使他们和大的帝国隔绝;暴政不能够向那里伸展;征服者被大海止住了;岛民很少受到征略战争的影响,他们可以比较容易保持自己的法律。

第六节 由人的勤劳建立的国家

有的地方需要人类的勤劳才可以居住,并且需要同样的勤劳才得以生存。这类国家需要宽和的政体。主要有三个地方是属于这一类的,就是中国的江南[②]和浙江这两个美丽的省份、埃及和荷兰。

中国的古代帝王并不是征服者。他们为着增强自己的权势就首先做一件事情,这件事情最有力地证明他们的智慧。他们平治了洪水,帝国版图上便出现了这两个最美丽的省份。这两个省份的建立是完全出于人力的劳动。这两个省份土地肥沃异常,因此给欧洲人一个印象,仿佛这个大国到处都是幸福的。但是要使帝国这样大的一块土地

---

① 日本地大,且有奴隶制,所以不在此例。
② 江南是旧省名,清初置,康熙后,改置江苏、安徽二省。——译者

不至受到毁坏，就要不断地用人力加以必要的防护与保持。这种防护与保持所需要的是一个智慧的民族的风俗，而不是一个淫逸的民族的风俗，是一个君主的合法权力，而不是一个暴君的专制统治。政权就必须是宽和的，像过去的埃及一样①。政权就必须是宽和的，像今天的荷兰一样；大自然给荷兰那样不便的地势就是要它关心自己，而不是要它懒怠或是任性而使土地荒废。

因此，虽然由于中国的气候，人们自然地倾向于奴隶性的服从，虽然由于帝国幅员辽阔而会发生各种恐怖，但是中国最初的立法者们不能不制定极良好的法律，而政府往往不能不遵守这些法律。

第七节　人类的勤劳

人类的勤劳和优良法律，已经使大地较为适合于居住了。我们看到过去湖泊沼泽之地，现在已经有河溪奔流了。这个幸福并不出自大自然的力量，而是受到大自然的维护。当波斯人②称霸亚洲的时候，他们规定，凡是把泉水引到不曾有水灌溉过的地方的人，便可以五代享受这种利益；当时有许多溪涧从托鲁斯山流下来，波斯人便不惜任何力量去疏导这些水流。今天这些水流灌溉着田原与园囿，而人们竟不知道它们是怎样来的。

因此，勤劳的国家创造各种福泽；这些福泽并不随着国家的灭亡而消逝。正如喜好破坏的国家一样，它们所制造的祸害，比国家本身存在的时间还要久长[28]。

---

① 甲乙本多一句："又像今天的土耳其帝国一样。"
② 波利比乌斯：《历史》，第10卷，第25章。

第八节　法律的一般关系

法律和各民族谋生的方式有着非常密切的关系。一个从事商业与航海的民族比一个只满足于耕种土地的民族所需要的法典，范围要广得多。从事农业的民族比那些以牧畜为生的民族所需要的法典，内容要多得多。从事牧畜的民族比以狩猎为生的民族所需要的法典，内容那就更多了。

第九节　美洲的土壤

美洲之所以有那些野蛮的国家，就是因为土地本身能出产许多果实，供人们生活。妇女只要在她们茅屋的周围开辟一块地，很快便可得到玉蜀黍。男子只要狩猎和捕鱼，生活便很富裕。不仅如此，食草的动物如牛、水牛等的繁殖，多于食肉的野兽。不像非洲那样，一向为食肉的野兽所盘踞①。

我想，如果欧洲不耕种土地的话，是得不到这些好处的，而将只有一些橡树和其他不出产什么东西的树木的森林而已。

第十节　人口和谋生方式的关系

让我们看一看，不耕种土地的国家的人口比例是怎样的。没有耕种过的土地的出产和经过耕种的土地的出产的对比，就像一个野蛮国家的人口数目和一个农业国家的人口数目的对比一样。在耕种土地的民族同

---

① 甲乙本没有末后一句。

时也从事技艺[29]的场合,也有一定的比例,但需要详细的计算[①]。

非农业人民几乎不可能形成一个大国家。如果他们是牧民的话,便需要广阔的土地去维持一小群人的生活;如果他们是猎民的话,他们的人数便更少了;他们为着谋生而组成的国家便更小了。

猎民的国家,通常到处林木茂盛,又因这些人从未致力于疏浚水流,所以到处满是沼泽,而每群人自成村落,组成很小的国家。

第十一节 野蛮和半野蛮的民族

野蛮民族和半野蛮民族二者之间有这样一种区别。前者是分散的小民族,因为某些特殊的原因,不能联合起来;后者通常是些能够联合起来的小民族。野蛮人一般是猎人;半野蛮人是牧人。这在亚洲北部是看得很清楚的。西伯利亚的民族不懂得过集体的生活,因为如果这样便无法生活。鞑靼人能够在某个期间内过集体的生活,因为他们的畜群可以在某个期间内聚集在一块。因此,所有部落便可以联合起来。当一个酋长征服了许多其他的酋长的时候,就可以有这种联合。他们在联合后,又必须就这两件事中选择其一,就是:分散开来,或是向南方的某个帝国进行大规模的征服战争。

第十二节 不耕种土地的民族间的国际法

这些民族不居住在一定的、立有边界的土地上,所以彼此之间可

---

① 甲乙本作:"同时也从事技艺的场合,野蛮人的数目对这个民族人口的数目,和野蛮人的数目对农民的数目,以及农民的数目对从事技艺的人的数目,成复比例。"

以发生纠纷的问题是很多的。他们为荒地争吵，正像我们的公民为遗产争吵一样。因此，他们因为狩猎、捕鱼、牧畜、奴隶的抢夺，便有很多机会发生战争。此外，由于他们并不占有土地，所以按国际法去处理的事情多，而用民法去解决的事情少。

第十三节　不耕种土地的民族的民法

民法内容的增多，主要是由于土地的分配。在不分配土地的国家，民事法规是很少的。

这些民族的制度，与其叫做法律，毋宁说是风俗。

在这种国家里，那些记得旧时事物的老年人是很有权威的；在这种国家里，人们不能由财富，但可由手腕或计谋，而出人头地。

这些民族漂泊或散居在牧野或森林里。婚姻不像在我们之间那样巩固。我们的婚姻因住所而获得固定，妻子就老在一个家里呆着。这些民族的男人则比较容易更换妻子，或是拥有好几个妻子，甚至有时候像野兽一样满不在乎地混淆不清。

畜牧的民族[30]不能离开他们的牲畜。牲畜就是他们的生活。他们和妻子们也不能分离：因为妻子看顾牲畜。所有这一切就应该老在一起，尤其是因为他们通常是生活在辽阔的平原，很少坚强的防御地势，他们的妻子、儿女、牲畜易于被敌人所掳掠。所以他们更是应当在一起了。

他们的法律规定了掠夺物的分配，并且像我们的《撒利克法典》一样，特别注意偷窃问题。

第十四节　不耕种土地的民族的政治状态

这些民族享有很大的自由；因为他们既然不耕种土地，就不附着在土地上；他们游荡漂泊。如果有一个酋长企图剥夺他们的自由的话，他们便立即到其他酋长的地方去寻找自由，或是退入山林，和他们的家属住在一起。这些民族享有极大的"人的自由"，这种自由必然产生"公民的自由"。

第十五节　懂得使用货币的民族

阿利斯底普斯因船只失事，便泅水而在最近的海岸登陆。他在沙滩上看到人们所画的几何图形，感到喜出望外，因为他由此判断，他已置身于一个希腊的人民的土地，而不是一个半野蛮的民族的土地[31]。

如果你因某种不测事故而单身到了一个陌生的民族中去；只要你发现一枚钱币，就可以肯定你已来到了一个开化的国家。

土地的耕种需要使用货币。耕种土地就要有许多技艺和知识；我们知道技艺、知识和需要常常是齐步前进的。这一切都会导致一个"价值的标记"的建立。

激流和大火①使我们发现土地里含有金属；金属一旦被分解出来，便不难加以使用了。

---

① 狄奥都露斯《历史文献》第5卷第35章中告诉我们，牧人们就是这样在比利牛斯山里发现了金子的。

第十六节　不懂得使用货币的民族的民法

一个不懂得使用货币的民族，除了暴力所产生的不公道事情而外，几乎不知道有其他种类的不公道事情，于是软弱的人们便联合起来，抗拒强暴。这种民族除了政治性的协议而外，几乎没有他种解决纠纷的办法。但是在建立了货币制度的地方，人们就可能遇到出自狡诈的不公道事情。人们可以用千百种方法去做不公道的事情。因此，就不能没有良好的民法；民法的产生就是因为人们用新的方法、用不同的方式去做坏事。

在没有货币的国家，强盗只能拿走实物，而各种实物的样子又是互不相同的。但是在使用货币的地方，强盗夺走的是"标记"，这些"标记"常常是互相类似的。在没有货币的国家，什么都隐藏不了，因为强盗老带着他的犯罪证据；但是在使用货币的国家，情形就不同了。

第十七节　不使用货币的民族的政治性的法律

一个不耕种土地的民族，他们的自由最大的保障就是不懂得使用货币。由打猎、捕鱼或牧畜所获得的东西，既不可能大量集中，也不可能大量保存，而使一个人有可能去腐化其他的一切人。但是如果人们所拥有的是财富的"标记"的话，那么一个人便能够聚集大量的"标记"，并且随意给予别人。

没有货币的民族，每人的需求不多，并且可以平等地、容易地得到满足。因此，平等是必然的，他们的首领也就不是专制的。

第十八节 迷信的力量

如果旅行家们所告诉我们的是真的话,在路易斯安纳有一个叫做"纳哲"的民族,他们的政制是上述说法的例外。他们的首领① 可以任意处分他的一切臣民的财产,并且可以随意叫他们做任何事情;要他们的头颅也不能拒绝;他就像土耳其皇帝一样。当他的预定继承人出生的时候,在哺乳中的一切婴儿都要奉献给这位继承人,为这人终生服役。人们也许要说,他就是埃及的大皇帝。这个首领在他的茅屋里,人们用隆重仪式对待他,像日本或中国对待皇帝一样。

迷信的偏见强于其他一切偏见,迷信的理论强于其他一切理论。所以,虽然野蛮的民族本来不懂得什么是专制主义,但是纳哲人却是懂得的。他们崇拜太阳;他们的首领如果没有想象出自己就是太阳的兄弟的话,人民便要认为他也和他们一样是一只可怜虫而已。

第十九节 阿拉伯人的自由和鞑靼人所受的奴役

阿拉伯人和鞑靼人都是游牧的民族。阿拉伯人和我们以上所说的一般的情况一样,是自由的。但是鞑靼人(世界上最奇怪的民族)则受政治性的奴役②。关于这个事实,我已经说过一些原因③,现在要再提出一些其他的原因。

他们没有城市,他们没有森林,只有少数的沼泽;他们的河川差

---

① 《耶稣会士书简集》,第20辑。
② 立可汗时,全民喊道:"他的话将是他的剑。"
③ 第17章,第5节。

不多常年都冻着冰；他们居住在一个辽阔的平原上；他们有草原和牲畜，所以是有财产的。但是他们没有任何可以隐避或防卫的地方。一个可汗被打败后，胜利者立即斩他的头[①]，对他的子女也是一样。他的臣民便都属于胜利者了。但胜利者对这些臣民并不处以民事的奴役，因为如果这样做，他们将成为这样简单的国家的一种负担；这个简单的国家既没有可耕的土地，也不需要任何家事的服役。因此，这些臣民只增加国家的人口而已，不过，胜利者虽然没有采用民事的奴隶制，但是我们想象，应该是采用了政治的奴隶制的。

在这样一个国家里，各个部落之间不断地战争，不断地互相征服；在这样一个国家里，一个战败了的部落的政治机体常常因首领的死亡而被摧毁。实际上，这样的一个国家通常是不可能有自由的，因为受到无数次征服的，不只是一部分地方而已。

战败的民族，因为所处地势的关系，常常能够在战败之后与战胜者缔结条约，而保持一些自由。但是鞑靼人，往往没有可守的地势，所以一旦战败，便无法要求任何条件了。

我在本章第二节里说，在耕种的平原上居住的人常常是不自由的。但是环境却让居住在不耕种的平原上的鞑靼人也不能得到自由。

第二十节　鞑靼人的国际法

鞑靼人在自己之间看来似乎是温和而人道的；但是作为征服者的时候，他们是极残忍的。他们对被攻占的城市的居民进行杀戮；如果

[①] 因此，米利维斯征服了伊斯巴汉后，把所有同一血统关系的王公都杀死，这是没有什么可以奇怪的。

只把居民出卖或是分配给自己的士兵,便自以为是对居民的莫大恩惠。他们摧毁了亚洲——从印度到地中海。他们使波斯东部地区成为荒漠。

我想,大概是因为下面的原因才产生这样的一种"国际法"。鞑靼人没有城市,所以每每以迅速猛烈之势进行一切战争。当他们有征服别人的希望时,他们就去作战;当他们没有这种希望时,他们便参加到更强有力者的军队里去。他们的习惯如此,所以他们认为,一个城市没有能力和他们抵抗,但却阻碍了他们前进,便是违背他们的国际法。鞑靼人不把城市看做是居民的聚集之地,而认为是专为避免他们的势力而设立的地区。他们围攻城市,但又缺乏一切技术,在攻城时所冒的危险是很大的;他们对所流的血也用血来报复。

第二十一节 鞑靼人的民法

杜亚尔德神父说,鞑靼人常常以最小的儿子为继承人,因为当其他年长的儿子能够过牧畜生活的时候,他们便带着父亲所分给他们的一些牲畜离开了家,另立新居。最年幼的儿子则继续和父亲住在家里,便自然地成为父亲的继承人。

我听说英格兰的某些小地区也有类似的习惯。这个习惯,今天在布里塔尼的罗汉公国里还可以看见①。这种习惯存在于那里的平民之间[32]。这无疑是一种游牧民族的法律,由某一布里塔尼小部族带到那里去的,或是某一日耳曼民族所创制的。恺撒和塔西佗[33]告诉我们,日耳曼人不大耕种土地。

---

① 甲乙本没有这一句。

第二十二节 日耳曼人的一种民法

《撒利克法典》中有一项特殊的条文,通常被称为"撒利克法"。我现在要在这里说明这项特殊的法律怎样同一个不耕种土地或者至少是不大耕种土地的民族的法制有着密切的关系的。

"撒利克法"① 规定,一个人遗有子女时,由男孩而不由女儿优先承继"撒利克土地"。

要知道"撒利克土地"是什么,首先就应该研究法兰克人在离开德意志以前土地的特点或习惯。

爱卡尔34曾经明确地论证过"撒利克"是从"撒拉"这个字来的。"撒拉"是住宅的意思。所以"撒利克土地"就是"属于住宅的土地"的意思。以下我将进一步探究日耳曼人的"住宅"和"属于住宅的土地"到底是怎么一回事。

塔西佗说②:"他们不居住城市;自己的住宅和别人的住宅相毗连,也是他们所不能忍受的。每个人在他的住宅周围都留出一小块土地或空隙,并用围障把它围起来。"塔西佗这段叙述是真实的;因为许多野蛮民族的法典③都订有各种条款禁止毁坏这种围障或侵入别人的住宅里。

从塔西佗和恺撒,我们可以知道日耳曼人所耕种的土地,期限仅仅一年,期满仍归公有。他们唯一的世代相传的家业就是住宅和住宅

---

① 狄特·李维:《罗马编年史》,第62卷。
② "所谓居住的城市,日耳曼人是谁也不知道的。他们居住的地方,并不连在一起,都是分散着的。哪里有泉水、平原、树林,就在哪里设置村庄。也不像我们的风俗把建筑物都联在一起。他们的住宅的四周有很大的空地。"见《日耳曼人的风俗》,第16章。
③ 《日耳曼人的法律》第10章和《巴威利亚法》第10项第1、2节。

075

周围的那块土地①。专属于男子的，就是这种特殊的家业。实际上，这种家业怎能传给女儿呢？女儿是要嫁到别的住宅去的。

那么，"撒利克土地"就是那块附属于一个日耳曼人住宅的围障内的土地；这是一个日耳曼人唯一的财产。法兰克人在征略战争胜利后，又获得了新的财产，对这种新的财产仍旧沿用"撒利克土地"的名称。

当法兰克人居住在德意志的时候，他们的财富是奴隶、牛羊、马匹、武器等。他们把住宅和同它相毗连的那小块土地传给男孩子，是很自然的一件事，因为男孩子永远居住在那里。但是法兰克人在征略战争胜利后又获得了许多大块的土地，他们觉得，女儿和她们的子女不能分有这些土地，不免太无情了。因此便产生了一种习惯，准许父亲把遗产安排给女儿和她的子女。这就使撒利克法不再起作用。把遗产这样安排似乎是普遍的，因为这种安排都记录在法式书内②。

在所有这些法式书中，我发现了一篇奇特的法式书③。一个祖父在遗嘱里要他的孙子、孙女和他自己的子女一同继承遗产。这样，还能有什么撒利克法呢？在那个时代，人们大概已经不再遵守撒利克法，不然的话，就是人们不断地让女儿继承遗产已成惯例，所以她们认为女子具有继承能力已是件普通的事了。

撒利克法并没有重男轻女的目的，更没有使家庭、姓氏或土地的相传永世绵延不绝的目的。日耳曼人的观念里完全没有这些东西。撒

---

① 在土地按照里，这个围障叫做"哥尔蒂斯"。
② 见马尔库尔富斯《法式书》第 2 卷 10、12；同书附录，法式书 49；西尔蒙都斯《古代法式书》22。
③ 法式书 55，在林登布洛的《选辑》内。

利克法是纯粹经济性的法律,这个法律把住宅和附属于住宅的土地给予男子,因为他们需要在那里居住,所以这些住宅和土地对他们最为方便。

在这里,我们只要把撒利克法关于自由土地这一项抄录下来就够了。这项条文是很有名的,谈过它的人很多,但是读过它的人却很少。

"一、如果一个人死而无嗣,就由父或母做他的继承人。二、如果他无父无母,就由兄弟或姊妹做他的继承人。三、如果他没有兄弟和姊妹,就由母亲的姊妹做他的继承人。四、如果他的母亲没有姊妹,就由他父亲的姊妹做他的继承人。五、如果他的父亲没有姊妹,就由最近的男性亲属做他的继承人[35]。六、撒利克土地的任何部分①不得传给女性;它必须属于男子;也就是说,男子应该是父亲的继承者。"

很明显,前五条是关于死后无嗣时的继承;第六条是有子女时的继承。

一个人死而无嗣,法律规定,除了某些例外,不得偏袒两性的任何一方。在继承的第一、第二两个顺序,男女两性所得的利益是相同的;第三、第四两个顺序,偏重女性;第五顺序,偏重男性。

我在塔西佗的著作里发现了这种奇怪现象的由来。他说②:"日耳曼人爱他们的外甥和外甥女同爱他们自己的子女一样。有的人把外甥、外甥女这种亲属关系看得更亲密,甚至更神圣。在接受人质时,他们喜欢要这种亲属关系的人。"因为这个缘故,我们最古的历史

---

① "对撒利克土地,女子没有任何继承权,只有男性、只有儿子,才有继承遗产的权利。"狄特·李维:《罗马编年史》,第67卷,第6节。
② 《日耳曼人的风俗》,第20章*。
 *原注拉丁文,和正文中所引法文意思基本相同,所以略而不译。——译者

家①时常谈到法兰克人的君王是如何喜爱他们的姊妹和外甥、外甥女。如果姊妹的子女在兄弟的家里当做自己的子女看待的话，外甥、外甥女自然也把舅母看做是自己的母亲了。

母亲的姊妹被看得比父亲的姊妹更亲密。这点可以在撒利克法的其他条文里获得解释。一个妇女成为寡妇②时，则受丈夫方面亲属的监护；法律规定应由女性关系的亲属优先担任这种监护，其次才由男性关系的亲属来担任。原因是，一个女子来到夫家后，就和同性的亲属团结在一起，所以和女性关系的亲属比和男性关系的亲属较为亲密。不仅如此，一个人因杀人③而被判处罚金的时候，如果他无力缴纳，法律准许他交出他的全部财产，不足之数应该由其亲属补足。按次序来说，在父亲、母亲、兄弟之后，就由母亲的姊妹来缴纳，仿佛在这种亲属关系里有比较深厚的感情存在似的，这种亲属关系既然应该负担责任，那么也就应该享有较优的权利。

撒利克法规定在父亲的姊妹之后，应以最近的男性亲属为继承人；但是如果这个亲属是在五亲等之外，他就不得继承。因此，一个五亲等的女子就有可能比一个六亲等的男子优先继承。这在莱茵河畔法兰克人的法律④里可以看到。法兰克人莱茵河畔地区的法律"自由土地"一项是撒利克法最忠实的注释。在这项规定中，该法处处都和撒利克法相吻合。

---

① 见格列高里·德·都尔：《法兰克史》，第8卷，第18、20章；第9卷，第16、20章。贡特兰因里欧维季尔德虐待他的外甥女茵根达，异常愤怒，她的兄弟柴尔德柏曾出兵为她报仇。
② 《撒利克法》，第47项。
③ 同上书，第61项，第1节。
④ "在五亲等以内的男性亲属是下一顺序的遗产继承人。"见狄特·李维：《罗马编年史》，第55卷，第6节。

如果父亲死后留有嗣子的话，撒利克法便不许女儿承继撒利克土地，并规定该土地应属于男子。

我将不难证明，撒利克法并不是毫无区别地排除女儿承继撒利克土地，而是仅仅在有兄弟的场合，她们才受到排除。

（一）这点从撒利克法本身就可以看到。撒利克法首先说，妇女不得占有撒利克土地，只有男子可以占有这种土地；后来该法又进行解释，并对这种说法的意义加以限制。它说："这意思就是说，父亲的遗产将由儿子继承。"

（二）这段撒利克法条文的意义可由莱茵河畔法兰克人的法律[①]得到阐明。后者也有一项关于"自由土地"的规定[②]，它和撒利克法的规定符合。

（三）这些半野蛮民族的法律全都来源于德意志，并且互相阐明，尤其是因为它们的精神差不多全都一样。撒克逊人[③]的法律规定，父母应将遗产留给儿子，而不留给女儿；但是只有女儿时，女儿便将获得全部遗产。

（四）我们有两份古时的法式书[④]，都载有按照撒利克法女儿受男子排斥的情况，就是说，在有女儿又有儿子的时候女儿受到排斥的情况。

（五）另外一份法式书[⑤]证明，女儿有优先于被继承人之孙继承

---

① 甲本作："……莱茵河畔居民的法律，即法兰克诸民族称为撒利克法的法律，……"
② 第56项。
③ 第7项第1节规定："父亲或母亲死后，由儿子而不是由女儿继承遗产。"第4节规定：（但只有女儿时）"死后则由女儿而不是儿子继承；她们取得一切遗产权。"
④ 马尔库尔富斯：《法式书》，第2卷，法式书12；又同书附录，法式书49。
⑤ 林登布洛的《选辑》内法式书55。

遗产之权。由此可见，女儿只在有兄弟时才受到排除。

（六）倘使按照撒利克法，女儿一般都不得继承土地的话，那么史书、法式书和文契不断地谈到黎明时代①妇女的土地和财产，便将无法解释。

人们②曾说，撒利克土地是采地。这是错误的。第一，这一项目的标题是"自由土地"。第二，起初，采地是不能世袭的。第三，如果撒利克土地果真是采地的话，就连男子都不能继承采地，马尔库尔富斯怎么能说排斥女子继承的风俗是亵渎神明呢？第四，那些被人们用来证明撒利克土地是采地的文契，仅能证明撒利克土地是自由土地而已。第五，采地是在征服战争以后才建立的，而撒利克的习惯③在法兰克人离开德意志以前就已经存在了。第六，不是撒利克法限制女子的继承而形成了采地的建立，而是采地的建立对女子的继承和对撒利克法的规定，加上了限制。

根据上面所说，人们将不能相信法兰西王位永远由男子继承是渊源于撒利克法了。但是，这种制度毫无疑义是从撒利克法来的。这点，我可以用一些半野蛮民族的法典加以证明。按照撒利克法④和勃艮第人的法律⑤女儿没有权利和兄弟们同时继承土地；她们也不能继承王位。西哥特人的法律⑥正相反，它准许女儿⑦和兄弟一同承继土地；女

---

① 见本章第31节注。——译者
② 杜刚支、毕都等。
③ 甲乙本作："……而撒利克诸法律，显然在法兰克人离开德意志以前就已经汇辑成篇了。"1751年版修改。
④ 第62项。
⑤ 第1项，第3节；第16项，第1节；第51项。
⑥ 第4卷，第2项，第1节。
⑦ 塔西佗《日耳曼人的风俗》第22章说，日耳曼民族有共同的习惯，但也有各别的习惯。

子也可以继承王位。在这些民族中，民法的规定对政治性的法律发生了影响①。

法兰克人的政治性的法律服从于民法，这并不是唯一的事例。依照撒利克法的规定，所有的兄弟都平等地承继土地；而勃艮第人的法律也作同样的规定。所以，在法兰克人的王国里，在勃艮第人的王国里，所有的兄弟都有继承王位的资格，不过在勃艮第人的王国里曾经因此而发生过几次暴行、暗杀和篡夺。

第二十三节　法兰克君王们的长发②

不懂得耕种土地的民族是连奢侈的观念都没有的。在塔西佗的著作里，我们可以看到日耳曼人民朴质可风。技艺不为他们的装饰服务，他们就在天然产物里去寻找装饰品。如果他们的首领的家族需要有什么和别人有所区别的标记的话，也要在天然产物中去寻找。因此，法兰克人、勃艮第人和西哥特人的君主都以长发当作冕旒。

第二十四节　法兰克君王们的婚姻

我在上面已经说过，不知耕种土地的民族的婚姻比其他人民的婚

---

① 东哥特人的王冠曾有两次由女性传给了男性。一次由阿马拉逊塔传给阿达拉立库斯，一次由阿马拉佛烈达传给梯欧达特。这不是因为女子就不得治国。在阿达拉立库斯死后，阿马拉佛烈达执掌国政，甚至在梯欧达特当选之后，她仍然执掌国政，并且和他一道治国。见加西奥都露斯：《东哥特史》，第10卷，阿马拉佛烈达及梯欧达特的书信＊。

＊甲乙本没有这个注。

② 甲乙本标题为"君王的头发"。

081

姻不固定得多。他们通常有好几个妻子。塔西佗说:"在半野蛮人中只有日耳曼人以一妻为满足①。不过也有一些例外的人娶了好几个妻子,但那并不是因为他们放荡,而是因为他们身份的尊贵。"②

这就足以说明初民时期的君王,妻子所以众多的原因。这些婚姻,与其说是君主淫乱的证据,毋宁说是君主尊贵的标志。如果剥夺君主们这么一个特权,那就等于伤害了他们最感到尊贵的地方③。这也足以说明为什么臣民没有追随君王们的榜样的原因。

第二十五节 查尔第立克王

塔西佗说:"日耳曼人的婚姻是严肃的④。在那里,邪恶不是供人讥笑的题材。腐化他人或受人腐化,并不是当时的风尚或生活的方式。在这样人口众多的国家里,违背夫妻信义的事例是很少见的。"⑤

这就是查尔第立克所以被驱逐的原因,他破坏了他们谨严的风俗。那时,征服战争虽然获得了胜利,但还没得到充分时间去改变这些风俗。

---

① "只有这些半野蛮人才喜欢一妻制。"见《日耳曼人的风俗》,第18章。
② "有少数例外的人不是为了淫欲,而是为了尊荣而多婚。"见同上书。
③ 见佛烈德加利乌斯:《编年史》,628年条下。
④ "婚姻严肃……那里没有人讥笑缺点。没有人为时代所败坏,也不败坏时代。"见《日耳曼人的风俗》,第19章。
⑤ "人口这样多,但很少有通奸的事情。"见同上书。

第二十六节　法兰克君王们的成年

不耕种土地的半野蛮民族本来是没有土地的；正如我们上面已经说过的一样，他们与其说是受民法的管辖，毋宁说是受国际法的管辖。因此，他们几乎老是带着武器的[1]。塔西佗也说："日耳曼人[2]无论处理公事或私事，没有不带武器的。在议事时他们用武器做出的信号来表示他们的意见[3]。当一个人长大，有力量携带武器的时候[4]，他便被介绍给议会；人们便把一支长枪交给他[5]。从那时候起，他就是成年了[6]。过去他是家庭的一部分，现在成为共和国的一部分了。"

东哥特的国王说[7]："当小鹰的翅膀和爪子长好了的时候，大鹰就不再喂它们了。当小鹰自己能够寻找食物的时候，它们就不再需要别人的帮助了。如果我们军队中的青年，竟被人认为年龄幼小不适宜于处理自己的财产和管理自己的生活上的事情的话，那是一件丢脸的事。哥特人成年的条件是品德。"[8]

当柴尔德柏二世的叔父贡特兰宣布柴尔德柏二世已成年，并能够

---

[1] 甲乙本没有"几乎"一词。
[2] "他们不论做公事或私事，常常携带着武器。"见《日耳曼人的风俗》，第13章。
[3] "如果不同意，则表示轻蔑。如果同意，便一齐敲击长枪。"见同上书，第11章。
[4] "要公民团体证为已经长大，不应再推延的时候，才能取得武器。"见同上书，第13章。
[5] "在这个议会上，某一首长或父亲或亲属把盾牌和长枪授予青年人。"
[6] "在那里，这种长枪像征着青年人所得到的第一次的光荣。在此以前，他是家庭的一分子，不久他将是国家的成员了。"
[7] 梯欧多立克，见加西奥都露斯：《东哥特史》，第1卷，第38页。
[8] 甲乙本没有这一段。

亲自治理国事①的时候，柴尔德柏二世是十五岁②。

按照莱茵河畔居民的法律，十五岁为成年，同时又获得带枪的能力。该项法律规定③，"如果莱茵河畔的一个居民死亡或被杀死，并遗有一子时，其子在满十五岁前不得在诉讼上为控告人或被控告人。满十五岁后，他便可以亲自抗辩或选择一个决斗人。"他的智力必须已经充分发达才能够在审判时为自己辩护；他的身体必须充分发育，足以在格斗中防卫自己。勃艮第人④在诉讼时也有以决斗证曲直的习惯；他们也以十五岁为成年。

阿加提亚斯告诉我们，法兰克人的武器轻，所以才能够以十五岁为成年。此后他们的武器重起来了；在查理曼时代已经重得很。这从当时的敕令和小说中都可以看到。所以那些拥有采地因而必须服军役的人们⑤，不到二十一岁就不算成年了⑥。

第二十七节　续前

我们看到，未成年的日耳曼人不得出席议会；未成年人只是家庭的一部分，而不是共和国的一部分。因为这个缘故，奥尔良王——

---

① 格列高里·德·都尔《法兰克史》第7卷第33章载："贡特兰宣布他的侄子柴尔德柏二世成年时，柴尔德柏二世已经是国王了。贡特兰又立柴尔德柏二世为嗣子。"见后面第28节*。

*甲乙本多这一段：贡特兰告诉他，"我把这支长枪交给你，作为我把我的整个王国交给你的表征。"又转向议会说，"你们看见我的儿子已经成人了；你们要服从他。"

② 格列高里·德·都尔《法兰克史》第5卷第1章说，柴尔德柏二世在575年继承父位时，年方五岁。这就是说，已经五岁。585年贡特兰宣布他成年，所以是十五岁。

③ 第81项。

④ 第87项。

⑤ 平民的成年年龄则没有改变。

⑥ 圣路易二十一岁才算成年；这是1374年由查理五世颁谕更改的。

084

勃艮第的征服者——格罗多米尔的儿子们没有被宣布为国王。因为他们太年幼,不得出席议会。他们虽然还不是国王,但是他们一旦能够携带武器,就可以成为国王。那时国事由他们的祖母格罗底尔德治理[①]。后来他们的两个叔父格罗大利乌斯和柴尔德柏杀害了他们,分割了他们的王国。因此,在后代,未成年的太子在父亲死后,便立即被宣布为国王。

由于同样原因,贡多瓦尔德公爵救了柴尔德柏二世,使他免受查尔柏立克的残杀,让他在五岁的时候就被宣布为国王[②]。

但是,虽然有这个变更,人们仍然遵从民族固有的精神;所以法案的通过不用幼君的名义。因此,法兰克人便有双重的行政行为,一是关系幼君本人方面的,一是关系王国方面的;在采地,"监护"和"监管"是有区别的[36]。

第二十八节[③] 日耳曼人如何收养义子

日耳曼人以接受武器为成年的表征;他们收养义子也用同样的表征。因此,贡特兰要宣布他的侄子柴尔德柏为成年并收养他为义子的时候就告诉他说:"我把这支长枪交给你,作为我把我的王国[④]交给你的表征。"又转向议会说:"你们看见,我的儿子已经成人了;你

[①] 从格列高里·德·都尔《法兰克史》第3卷的记载去看,似乎是:格罗底尔德选择了两个勃艮第人,要擢升他们到都尔教座。勃艮第是格罗多米尔的一个征服地;都尔也属于他的王国。
[②] 格列高里·德·都尔《法兰克史》第5卷第1章说:"罗马五年一次的清洁礼日刚过去,就在生日那天登基。"
[③] 甲乙本没有这一节。
[④] 本章第26节异文注作:"我的整个王国……。"——译者

085

们要服从他。"东哥特王梯欧多立克有意收黑路里人的国王为嗣子，给后者写信[1]说："凭武器收纳嗣子，在我们民族中是一件美事，因为唯有勇敢的人们才配做我们的儿子。这个行为产生巨大的力量，所以任何这样被收养的人都是宁死也不能忍受任何耻辱的。因此，由于你是一个勇敢的人，我们依照各民族的习惯送给你这些手盾、刀剑和马匹，凭这些东西收纳你做我们的义子。"

第二十九节　法兰克君王的残酷性

在法兰克各王中，计划侵略高卢的，不只是克罗维斯一人。在他以前已经有他的一些亲属带领个别的部落侵入这个地方。但是因为克罗维斯的成功较大，并且能够把大量的居留地赐给那些跟随他出征的人们，所以各部落的法兰克人都来投奔他，于是其他酋长觉得自己的力量过于薄弱，不能和他抵抗。克罗维斯拟定了一个灭绝自己整个家族[2]的计划，并且成功地执行了这个计划。格列高里·德·都尔[3]说，克罗维斯怕的是如果不这样做的话，法兰克人也许选择别人做首领。他的儿子和继承人们也都极力仿效他的做法。因此，兄弟、叔伯、侄子，更糟的是连儿子、父亲，都在不断地进行着残害他们的整个家族的阴谋。法律不断地分割王国，而恐怖、野心和残忍却要把王国重新统一起来。

---

① 加西奥都露斯：《东哥特史》，第4卷，第2信。
② 格列高里·德·都尔：《法兰克史》，第2卷。
③ 同上。

第三十节　法兰克的全国议会

上面已经说过，不耕种土地的民族享有大量的自由。日耳曼人的情况就是如此。塔西佗说，他们只给他们的国王或酋长们很适中的权力①；恺撒②又说，在和平的时候，他们没有一般官吏；但是他们的国王们到各个村子去审理争讼。因此，在德意志的法兰克人是没有国王的。格列高里·德·都尔很好地证明了这点③。

塔西佗说④："君主们审议小事；全民族审议大事；不过由人民审议的事件也同时提交君主。"他们在征服战争之后，仍然保存这个习惯。这在他们的一切记载中都可以看到⑤。

塔西佗⑥说，死罪可以提交议会审议。在征服战争之后仍然如此；直属封臣就由议会裁判。

第三十一节　黎明时代⑦僧侣的威权

半野蛮民族的僧侣通常拥有权力，因为一方面他们从宗教得到了威权，另一方面这种民族的迷信使他们获得权势。因此，我们在塔

---

① "国王没有自由，也没有无限的权力。他不得刑罚、捆绑、拷打等等。"见《日耳曼人的风俗》，第22章。
② "在和平的时候，没有一般的官吏；君王们到各地区或村庄去审理争讼。"见恺撒：《高卢战争》，第6卷，第22章。
③ 见《法兰克史》，第2卷。
④ "小事问君主，大事问群众；由平民作主，君主执行。"见《日耳曼人的风俗》，第11章。
⑤ "法律依人民公意制定，由国王公布。"见《秃头查理敕令》，864年，第6条。
⑥ "准许到议会控诉，可以推迟死罪的危险。"见《日耳曼人的风俗》，第12章。
⑦ 指的是初期法兰克君王们统治的时代。——译者

西伦的著作里看到，在日耳曼民族中僧侣受到人们很大的尊敬，并且统辖了人民的议会①。只有他们可以惩罚人、捆绑人、打人。他们做这些事时，不是出于君主的命令，也不是为着惩罚，而是出于神的启示②。人们想象神是永远和作战的人们在一起的。

因此，当我们看到，黎明时代开始时，主教们就已经判断争讼③，就已经出现在国家的议会里；他们对国王所作的决定有那么大的影响力，拥有那么多的财产，我们是不应该感到惊奇的。

---

① "僧侣有控制权，可以制止人们发言。"见《日耳曼人的风俗》，第11章。
② "国王没有自由，也没有无限的权力；如果没有僧侣们的同意，他不得刑罚、捆绑或拷打。他不是为了刑罚，也不是作为一个首领而发布命令，而是好像奉了神的命令似的。他们相信神帮助这些好战者。"见同上书，第12章。
③ 见560年《格罗大利乌斯宪法》第6条。

第十九章　法律和构成一个民族的一般精神、风俗与习惯的那些原则的关系

第一节　本章的主题

这个题目范围很广。无数的思想呈现在我的脑子里。在这无数的思想中，我将较多注意事物的秩序，而较少注意事物的本身。我将不能不左右探寻、推敲钻研，以发现真理。

第二节　要接受最好的法律，人民的思想准备是如何的必要

在日耳曼人看来，再也没有比瓦露斯的法庭更令人不可容忍的了[①]。查士丁尼曾在拉济人那里建立了[②]一个法庭以审判刺杀君王的凶手；拉济人却认为这是一件可怕而野蛮的事情。米特里达特[③]在演讲反对罗马人的时候，特别谴责罗马人的诉讼程序[④]。有一个帕提亚的

---

① 他们打断辩护士的话，对他们说："毒蛇，停止叫唤吧！"见塔西佗：《日耳曼人的风俗》。
② 阿加提亚斯：《查士丁尼的生活与行动》，第4卷。
③ 查士丁尼：《世界史纲》，第38卷。
④ 拉丁原文称"诉讼的把戏"。见同上书。

国王曾在罗马受过教育，对民众和蔼可亲，易于接近。帕提亚人竟不能容忍这样一个国王。对于那些从未习惯于享受自由的人，甚至连自由也好像是不可容忍的。同样，新鲜的空气有时候对那些居住在沼泽地带的人们，是不愉快的东西。

一个叫做巴尔比的威尼斯人到了秘古，谒见了国王。当国王听说威尼斯并没有君王的时候，便大笑起来，竟致咳嗽得连和朝臣们说话都说不出来了①。像这样的人民，还有什么立法者能向他们建议平民政治呢？

第三节　暴政

暴政有两种，一种是真正的暴政，是以暴力统治人民；另一种是见解上的暴政，即当统治者建立的一些设施和人民的想法相抵触时让人感觉到的那种暴政。

狄欧告诉我们，奥古斯都愿意人们称他为"罗慕露斯"。但是因为听说人们怕他称王，他便变更他的计划。初期的罗马人不愿意有国王，因为他们不能容忍国王的权力；奥古斯都时代的罗马人不愿意有国王，因为他们不能容忍国王的威仪。虽然恺撒、三头执政们和奥古斯都实际上是国王，但是他们全都保持与人民平等的外表；他们的私生活并不像那个时候外国国王那样豪华奢侈。罗马人不愿意有国王，意思就是他们要保存他们的风俗，而不模仿非洲和东方人民的风俗。

---

① 巴尔比在1596年描述秘古的情况，见《创建东印度公司历次航行辑览》，第3卷，第1篇，第33页[37]。

狄欧①还说，罗马人因为奥古斯都制定了某些过于严峻的法律，对他极为愤怒，但是当奥古斯都让一个被乱党驱逐出城的喜剧演员彼拉德重新回城的时候，他们的不满便消失了。这样的一个民族，在一个优伶被驱逐时比在他们被剥夺一切权力时，对暴政的感觉还要锐敏。

第四节 一般的精神

人类受多种事物的支配，就是：气候、宗教、法律、施政的准则、先例、风俗、习惯。结果就在这里形成了一种一般的精神。

在每一个国家里，这些因素中如果有一种起了强烈的作用，则其他因素的作用便将在同一程度上被削弱。大自然和气候几乎是野蛮人的唯一统治者；中国人受风俗的支配；而日本则受法律的压制；从前，风俗是拉栖代孟的法则；施政的准则和古代的风俗，在罗马就是规范[38]。

第五节 应如何注意不变更一个民族的一般的精神

假如世界上有一个民族，性喜交际，心胸豁达，爱好生活，有风趣，并善于表达思想；他们活泼而娴雅宜人，有时洒脱不拘，经常不谨小慎微，而且勇敢、大量、坦率、有某种程度的名誉心；那么，就不应该企图用法律去束缚他们的礼俗，以免抑制他们的品德。如果性格一般是好的话，那么就是有些小疵也不足为病[39]。

人们也许可以对妇女加以约束，制定法律改正她们的风俗，限制

---

① 狄欧：《罗马史》，第54卷，第17章，第532页。

她们的奢华，但是谁能说得上，这样做不能使她们丧失她们一定的风趣和礼仪呢？她们的风趣可能是民族财富的泉源；她们的礼仪可能吸引外宾到这个国家里来。

在不违反政体的原则的限度内，遵从民族的精神是立法者的职责。因为当我们能够自由地顺从天然秉性之所好处理事务的时候，就是我们把事务处理得最好的时候。

如果把迂腐拘谨的风气给予一个秉性快活佚放的民族的话，则国家无论在国内或国外都不能获得任何好处。任凭他们用严肃的态度去做琐碎无关紧要的事情，并用轻快佚放的心情去做严肃的事情吧！

第六节　不应该什么都要改正

一个和我们刚刚描述的极相类似的国家有一位先生说："我们是怎样，就让我们怎样吧！"大自然对一切欠缺都会加以补偿。大自然给予我们活泼的性格，它能够使我们触犯人，又足以使我们怠慢一切人，但是这个活泼性格却又给我们带来了礼貌，而礼貌则纠正活泼性格的缺点，激励我们去欣赏这个世界，尤其是欣赏和妇女们的交往。

我们是怎样，就让我们怎样吧！我们不拘谨的素质，再加上我们不存什么恶念，就使那些会约束我们喜爱交际的性格的法律对我们很不适宜。

第七节　雅典人和拉栖代孟人

这位先生又说，雅典人是和我们有些相似的民族。他们把快活的精神放进一切事务里去；在议会的讲坛上和在戏剧舞台上的嘲笑言词同样地使他们高兴。这种活泼精神出现在筹议的时候，也出现在执行的时候。拉栖代孟人的性格则庄重、严肃、干燥无味、沉默寡言。人们用烦扰的方法不能从一个雅典人那里得到好处；人们用玩笑的方法也不能从一个拉栖代孟人那里得到好处。

第八节 社交性格的后果

人民越好交际，便越容易改变他们的风俗，因为每人都有较多的机会成为另一个人观察的对象，因之人们就能更清楚地看到每个人的特点。一个因为气候的影响而喜欢交际的民族，也因气候的影响而喜欢变换。气候使它喜欢变换，也就使它形成它的风趣。

女性的社交破坏了风俗，而形成了风趣。要比别人更能取悦于人的愿望产生了装饰，要悦人多于悦己的愿望产生了时髦。时髦成为人们追求的一个重要目标。由于人们的性情日益趋于轻佻烦琐，便不断地增加他们商业的部门[①]。

第九节 民族的虚荣与骄傲

虚荣对于一个政府是一种好的动力，正如骄傲对于一个政府是一种危险的动力一样。要证明这点，我们只需在一方面指出虚荣所产生的无数的好处，如豪华、勤劳、艺术、时尚、礼貌和风趣；在另一方

---

① 见《蜜蜂的故事》[40]。

面指出某些民族的骄傲所产生的无数的弊害,如怠惰、贫穷、百事俱废,以及恰巧落入它们手中的民族的毁灭,和它们自己民族的毁灭。怠惰[①]是骄傲的产儿,勤劳是虚荣的结果。一个西班牙人的骄傲使他不劳动;一个法国人的虚荣使他劳动得比别人更努力。

一切怠惰的民族都是庄严肃穆的;因为那些不劳动的人把自己看做是劳动的人们的统治者。

研究一下所有的民族吧!你们便会看到,在大多数民族中,庄严、骄傲和怠惰是形影相随的。

亚金[②]的人民又骄傲又怠惰。那些没有奴隶的人也要雇一个奴隶,哪怕只是为着携带两品特的米走一百步路也好;他们认为如果自己携带的话,那是很不体面的。

世界上有一些地方的人,以留长指甲来表示他们的不劳动。

印度的妇女[③]认为学习读书是可耻的,因为她们说,这是在佛寺里唱法歌的奴隶们的事。有一个部落的妇女们是不懂纺绩的;另一个部落的妇女,除了编筐织席而外,什么都不做,她们甚至不舂米;还有一些部落,甚至认为妇女不应当去汲水。骄傲制定了这些规矩,并使人们遵守这些规矩。不用说,道德的品质和不同的其他品质相结合,则产生不同的效果。因此,骄傲同巨大的野心,以及权势的意念等等相结合,便产生了人所共知的罗马人所获得的那种效果[④]。

---

① 那些跟随马拉坎巴可汗的人民,即卡尔拿塔卡和柯罗曼德尔的人民,是又骄傲又懒惰的。他们消费很少,因为他们穷得可怜。但是莫卧儿人和印度斯坦的人民是勤劳的,因而享受像欧洲人一样舒适的生活。见《创建东印度公司历次航行辑览》,第1卷,第54页。
② 见唐比埃:《周游世界记》,第3卷。
③ 《耶稣会士书简集》,第12辑,第80页。
④ 甲乙本没有这一句。这是孟德斯鸠为了回答格罗理对本书的批评才添进去的。

094

第十节　西班牙人和中国人的性格

各民族的不同性格是品德与邪恶的混合，是好和坏的品质的混合。混合得好的时候便产生巨大的好处，这些好处常常是人们所没有料想到的。有的混合产生巨大的坏处，这些坏处也是人们所没有料想到的。

无论哪一个时代，西班牙人都以信实著称。查士丁尼①告诉我们，西班牙人保管寄托物是克尽忠诚的[41]：他们常常是宁死也要保守秘密的。他们过去的这种忠实，今天仍然存在。凡是在卡迪斯进行贸易的国家都把财产托付给西班牙人；它们从来没有后悔过。但是这种令人羡慕的品质，和他们的懒惰混合起来，便产生对他们有害的后果，就是：欧洲各国人民都在他们的眼前经营了西班牙王国的全部贸易。

中国人的性格是另外一种混合，和西班牙人的性格恰恰相反。中国人生活的不稳定②使他们具有一种不可想象的活动力和异乎寻常的贪得欲，所以没有一个经营贸易的国家敢于信任他们③。这种人所公认的不忠实使他们得以保持对日本的贸易。虽然欧洲商人从中国北方沿海的省份和日本进行贸易是很便利的，但是没有一个欧洲商人敢于用中国人的名义进行对日贸易。

第十一节　一点意见

品德和邪恶之间存在着无限的距离。我所说的，不是要去减少

---

① 《世界史纲》，第44卷，第2章。
② 由于气候和土壤的性质的关系。
③ 杜亚尔德：《中华帝国志》，第2卷。

这个距离。不，决非如此！我只是要使人们了解，一切政治上的邪恶并不都是道德上的邪恶，一切道德上的邪恶并不都是政治上的邪恶；那些因制定法律而违反了一个民族的一般精神的人们，不应该不了解这点。

第十二节 专制国家的礼仪和风俗

专制国家的风俗和礼仪，决不应该加以改变，这是一条重要的准则。没有比这样做更能迅速地引起革命。因为这些国家就像没有法律一样。它们只有风俗和礼仪。如果推翻风俗和礼仪，就是推翻了一切。

法律是制定的，而风俗则出于人们的感悟。风俗以人民"一般的精神"为渊源；法律则来自"特殊的制度"。推翻"一般的精神"和变更"特殊的制度"是同样危险的，甚至是更为危险的。

在专制的国家，每一个人都是既居人上又居人下，既以专制权力压迫人又受着专制权力的压迫。那里人们的交往就少于那些自由存在于社会上各阶层的国家。因此专制国家的礼仪和风俗就较少改变。风俗较为固定，所以就近似法律。因此，在这样一个国家，君主或立法者比世界上的任何国家都应当少去更动风俗和礼仪。

这样的国家的妇女，通常是幽闭在深闺里，对社会影响绝少。在其他的国家，男女互相交往；妇女要取悦于人的愿望和男子要讨妇女欢心的愿望，便引起风俗不断的变更。两性互相腐化，双方就都丧失了他们特有的和主要的品质。以前被认为是天经地义的东西，现在竟按照自己的意思行事了；于是风俗就天天都在改变。

第十三节 中国人的礼仪

不过中国人的礼仪是不能毁灭的。中国的妇女和男人是绝对分开的。除此之外,中国人的礼仪,和他们的风俗一样,都是教育的内容。一个文人①可以从他行礼时那样从容自若的态度看得出来。这些东西一旦经严厉的教师用来当作箴规施教后,便成为固定的东西,像道德的原则一样,永远不能改变。

第十四节 改变一个国家的风俗和习惯有什么自然的方法

我们已经说过,法律是立法者创立的特殊的和精密的制度;风俗和习惯是一个国家一般的制度。因此,要改变这些风俗和习惯,就不应当用法律去改变。用法律去改变的话,便将显得过于横暴。如果用别人的风俗和习惯去改变自己的风俗和习惯,就要好些。

因此,一个君主如果要在他的国内进行巨大的变革的话,就应该用法律去改革法律所建立了的东西,用习惯去改变习惯所确定了的东西;如果用法律去改变应该用习惯去改变的东西的话,那是极糟的策略。

那个强迫俄罗斯人把胡子和衣服剪短的法律,以及彼得大帝让进城的人把长袍剪短到膝盖上那种暴戾的做法,就是苛政。我们有防止犯罪的手段,就是刑罚。我们有改变我们的习惯的手段,就是创立典范。这个国家开化得又容易又迅速,就足以说明这位君主对他的人民的看

---

① 见杜亚尔德:《中华帝国志》。

法未免太坏了。这些人民并不是像他所说的如同野兽一样。他所使用的暴戾手段其实是没有必要的。他如果用温柔的方法也一样能够达到他的目的。

他自己的经验也证明了这些变革是容易进行的。妇女们过去被幽闭深闺里,在一定程度上是奴隶。他把她们叫到朝廷来,让她们穿上日耳曼式的服装,送给她们一些布帛。女子首先爱上了一种使她们的趣味、虚荣心和欲望感到非常满足的生活方式。因为妇女的缘故,这个生活方式也为男子们所爱好了。

他们原有的风俗,和当地的气候本来是没有关系的;这些风俗是因征服战争和民族的混合而被带进来的。这就使改革容易了些。因为彼得大帝不过是把欧洲的风俗和习惯给予了一个欧洲的国家,所以他感到的轻而易举,是他自己也未曾预料到的。气候的影响是一切影响中最强有力的影响。

因此他当时并不需要用法律去改变他的国家的风俗和习惯;他只要提倡别人的风俗和习惯就够了。

一般来说,各族人民对于自己原有的习惯总是恋恋不舍的。用暴力取消这些习惯,对他们是悲惨的。因此,不要去改变这些习惯,而要引导他们自己去改变[42]。

一切不是由于必要而施用的刑罚都是暴虐的。法律不是一种纯粹的"权力作用";在性质上无关紧要的东西就不属于法律的范围。

第十五节　家政对国政的影响

妇女风俗的这种变更无疑将对俄罗斯的政制发生巨大的影响。什么都是密切联系着的:君主的专制主义和妇女的奴役自然地相结合的;妇女的自由和君主政体的精神也是相结合的。

第十六节 有些立法者怎样把支配着人类的各种原则混淆了

　　风俗和礼仪不是立法者所建立的东西,因为他们不能建立,也是不愿建立的。

　　法律和风俗有一个区别,就是法律主要规定"公民"的行为,风俗主要规定"人"的行为①。风俗和礼仪有一个区别,就是风俗主要是关系内心的动作,礼仪主要是关系外表的动作。

　　在一个国家里,这些东西②有时候被人混淆了。莱喀古士把法律、风俗和礼仪混合在同一个法典里;中国的立法者们所做的也是一样。

　　中国和拉栖代孟的立法者们把法律、风俗和礼仪混淆在一起,我们不应当感到惊奇,因为他们的风俗代表他们的法律,而他们的礼仪代表他们的风俗。

　　中国的立法者们主要的目标,是要使他们的人民能够平静地过生活。他们要人人互相尊重,要每个人时时刻刻都感到对他人负有许多义务;要每个公民在某个方面都依赖其他公民。因此,他们制定了最广泛的"礼"的规则。

　　因此,中国乡村的人③和地位高的人所遵守的礼节是相同的;这是养成宽仁温厚,维持人民内部和平和良好秩序,以及消灭由暴戾性

---

① 甲本作:"法律和风俗有一个区别,就是法律主要规定'人'的行为。"
② 摩西对法律和宗教只制定一个法典。初期的罗马人把古代的习惯和法律相混淆。
③ 杜亚尔德:《中华帝国志》,第2卷。

情所产生的一切邪恶的极其适当的方法。实际上，如果使他们不受"礼"的规则的约束的话，岂非就等于给他们以放纵邪恶的便利么？

在这方面，"礼"的价值是高于礼貌的①。礼貌粉饰他人的邪恶，而"礼"则防止把我们的邪恶暴露出来。"礼"是人们放在彼此之间的一道墙，借以防止互相腐化。

莱喀古士的法制是严峻的。在生活习惯的养成上，他并不以礼仪为目的。他的目的是要用好战的精神去激励他的人民。一国的人民，如果不断地惩戒他人或不断地受惩戒，不断地教导他人或不断地受教导，又质朴又刚毅，那么，他们是以品德相待多于互相礼敬的。

第十七节　中国政体的特质

中国的立法者们所做的尚不止此②。他们把宗教、法律、风俗、礼仪都混在一起。所有这些东西都是道德。所有这些东西都是品德。这四者的箴规，就是所谓礼教。中国统治者就是因为严格遵守这种礼教而获得了成功。中国人把整个青年时代用在学习这种礼教上，并把整个一生用在实践这种礼教上。文人用之以施教，官吏用之以宣传；生活上的一切细微的行动都包罗在这些礼教之内，所以当人们找到使它们获得严格遵守的方法的时候，中国便治理得很好了。

有两种原因使这种礼教得以那么容易地铭刻在中国人的心灵和精神里。第一是，中国的文字的写法极端复杂③，学文字就必须读书，

---

① 甲乙本作"价值比礼貌高得多"，1751年版做了这样的修正。
② 见杜亚尔德神父为我们从中国的经典所摘录下来的那些极优美的片段。
③ 甲乙本作"第一是书法的困难"。

而书里写的就是礼教,结果中国人一生的极大部分时间,都把精神完全贯注①在这些礼教上了;第二是,礼教里面没有什么精神性的东西,而只是一些通常实行的规则而已,所以比智力上的东西容易理解,容易打动人心。

那些不以礼而以刑治国的君主们,就是想要借刑罚去完成刑罚的力量所做不到的事,即,树立道德。一个公民,因为丧失了道德的观念,以致违犯法律,刑罚可以把他从社会里清除出去。但是,如果所有的人都丧失了道德观念的话,刑罚能把道德重新树立起来么?刑罚可以防止一般邪恶的许多后果,但是刑罚不能铲除邪恶本身。因此,当中国政体的原则被抛弃,道德沦丧了的时候,国家便将陷入无政府状态,革命便将到来。

第十八节 推论

因此,中国并不因为被征服而丧失它的法律。在那里,习惯、风俗、法律和宗教就是一个东西。人们不能够一下子把这些东西都给改变了。改变是必然的,不是征服者改变,就是被征服者改变。不过在中国,改变的一向是征服者。因为征服者的风俗并不是他们的习惯,他们的习惯并不是他们的法律,他们的法律并不是他们的宗教;所以他们逐渐地被被征服的人民所同化,要比被征服的人民被他们所同化容易一些。

从这里还产生一个很不幸的后果,就是要在中国建立基督教,几乎是不可能的事②。贞女誓言、妇女在教堂集会、她们和神职人员必要

---

① 因而产生好胜心、摈斥息惰和尊重知识。
② 参看中国禁止基督教的政令中,官吏们所列举的各种理由,见《耶稣会士书简集》,第17辑。

的来往、她们参加圣餐、秘密忏悔、临终的涂油式、一夫一妻——所有这一切都推翻这个国家的风俗和习惯，同时也触犯它的宗教和法律。

基督教，由于建立慈善事业，由于公开的礼拜，由于大家参加共同的圣礼，所以似乎要求一切都要在一起；但是中国的礼教似乎是要求一切都要隔开。

我们已经看到，这种隔离① 一般是和专制主义的精神相关连的；我们从以上的一切可以了解，君主政体以及一切宽和的政治同基督教是比较② 能够合得来的，原因之一就在于此③。

第十九节 中国人如何实现宗教、法律、风俗、礼仪的这种结合

中国的立法者们认为政府的主要目的是帝国的太平。在他们看来，服从是维持太平最适宜的方法。从这种思想出发，他们认为应该激励人们孝敬父母；他们并且集中一切力量，使人恪遵孝道。他们制定了无数的礼节和仪式，使人对双亲在他们的生前和死后，都能克尽人子的孝道。要是在父母生前不知尽孝，就不可能在父母死后以应有的仪式来敬奉他们。敬奉亡亲的仪式，和宗教的关系较为密切；侍奉在世的双亲的礼节，则与法律、风俗、礼仪的关系较为密切。不过，这些只是同一个法典的不同部分而已；这个法典的范围是很宽广的。

尊敬父亲就必然和尊敬一切可以视同父亲的人物，如老人、师傅、

---

① 见本书第一册第4章，第3节；第三册第19章，第13节。
② 见本书第五册第24章，第3节。
③ 甲乙本没有这一段。

官吏、皇帝等联系着。对父亲的这种尊敬，就要父亲以爱还报其子女。由此推论，老人也要以爱还报青年人；官吏要以爱还报其治下的老百姓；皇帝要以爱还报其子民。所有这些都构成了礼教，而礼教构成了国家的一般精神。

我们现在可以看到，在表面上似乎是最无关紧要的东西却可能和中国的基本政制有关系。这个帝国的构成，是以治家的思想为基础的。如果你削减亲权，甚至只是删除对亲权表示尊重的礼仪的话，那么就等于削减人们对于视同父母的官吏的尊敬了，因此，官吏也就不能爱护老百姓了，而官吏本来是应该把老百姓看做像子女一样的；这样一来，君主和臣民之间所存在着的爱的关系也将逐渐消失。只要削减掉这些习惯的一种，你便动摇了国家。一个儿媳妇是否每天早晨为婆婆尽这个或那个义务，这事的本身是无关紧要的。但是如果我们想到，这些日常的习惯不断地唤起一种必须铭刻在人们心中的感情，而且正是因为人人都具有这种感情才构成了这一帝国的统治精神，那么我们便将了解，这一个或那一个特殊的义务是有履行的必要的。

第二十节　为中国人的一种矛盾现象进一解

中国人的生活完全以礼为指南，但他们却是地球上最会骗人的民族。这特别表现在他们从事贸易的时候。虽然贸易会很自然地激起人们信实的感情，但它却从未激起中国人的信实。向他们买东西的人要自己带秤[①]。每个商人有三种秤，一种是买进用的重秤，一种是卖出

[①] 郎治1721和1722年的《日记》，见《北方旅行记》，第8卷，第363页。

103

用的轻秤，一种是准确的秤，这是和那些对他有戒备的人们交易时用的。我想这种矛盾是可以解释的。

中国的立法者们有两个目的。他们要老百姓服从安静，又要老百姓勤劳刻苦。因为气候和土壤的性质的关系，老百姓的生活是不稳定的；除了刻苦和勤劳之外，是不能保证生活的。

当人人服从、人人劳动的时候，国家的处境就是幸福的了。由于需要或者也由于气候性质的关系，中国人贪利之心是不可想象的，但法律并没想去加以限制。一切用暴行获得的东西都是禁止的；一切用术数或狡诈取得的东西都是许可的。因此，让我们不要把中国的道德和欧洲的道德相比较吧！在中国，每一个人都要注意什么对自己有利；如果骗子经常关心着自己的利益的话，那么，容易受骗的人也就应该注意自己的利益了。在拉栖代孟，偷窃是准许的；在中国，欺骗是准许的。

第二十一节　法律应该怎样和风俗礼仪发生关系

只有持殊的法制才这样把法律、风俗和礼仪混合起来。这些东西在性质上本来是应当分开的。但是，虽然它们是分开的，然而它们之间却有着巨大的关系。

人们问梭伦，他给雅典人制定的法律是不是最好的。他回答说："我给他们制定了他们所能容忍的法律中最好的法律。"这是一个美丽的词句，是一切立法者都要悉心体会的！上帝告诉犹太人民说："我把箴规给了你们，这些箴规是不好的。"这意思是说，箴规的"好"只是相对的；这就是擦掉摩西的律例所可能遇到的一切困难的海绵。

第二十二节　续前

当一个民族有良好风俗的时候，法律就是简单的。柏拉图说[1]，拉达曼土斯所治理的是非常热心宗教的人民；他神速地处理一切讼案，每有论争，只要让当事人宣誓就够了。同一个柏拉图[2]又说："但是当一个民族不热心宗教的时候，我们就不能利用宣誓，除非宣誓者对于讼案完全没有利害关系，如同法官和证人一样。"

第二十三节　法律如何随从风俗

在罗马人风俗纯洁的时候，他们没有惩戒侵吞公款的特别法律。当这个罪行开始出现的时候，人们觉得是极不名誉的事，所以人们认为被判处归还赃款[3]是重大的刑罚。斯基比欧的裁判案，可资证明[4]。

第二十四节　续前

把监护权交给母亲的法律，是注重未成年人本身的保护。把监护权交给最近继承人的法律，是注重财产的保护。在风俗败坏了的国家，把监护权交给母亲比较好些。在法律对公民的风俗应该有信任的国家，则把监护权交给最近继承人或母亲，有时候同时交给二者。

如果我们思考一下罗马的法律的话，我们便将发现，这些法律的

---

[1]　《法律》，第12卷。
[2]　同上。
[3]　"单只照数归还而已。"
[4]　狄特·李维：《罗马编年史》，第38卷，第3章。

精神和我所说的正相符合。当制定十二铜表法的时候，罗马人的风俗还是很良好的。人们把监护权交给未成年人的最近亲属，因为考虑到可能享受继承利益的人就应该承担监护的责任。罗马人并不觉得这样做可能使被监护人的生命蒙受危险，虽然这样做是把被监护人的生命放在一个可能从被监护人的死亡获取利益的人手里。但是当罗马的风俗改变了的时候，它的立法者们的想法也改变了。盖犹斯[1]与查士丁尼[2]说："在'未成年期的代替继承'的场合，如果立遗嘱人怕'代替继承人'企图加害被监护人的话，他可以把'一般的代替继承'[3]公开，而把'未成年期的代替继承'写入遗嘱内，这一遗嘱则非在经过一个时期后是不能打开的。"这些惧怕和预防，初期的罗马人是不懂得的。

第二十五节　续前

罗马法准许在结婚前自由馈赠，结婚后则不准许。这是以罗马人的风俗为基础的。罗马人之所以结婚，是为着过节省、简单和朴素的生活。但是他们也可能是受到家庭的照顾、殷勤亲切的待遇以及终生的幸福这些考虑的引诱而结婚的。

《西哥特法律[4]》禁止男人把他十分之一以上的财产给予他所要娶的女人，并禁止他在婚后第一年内把任何东西送给她。这也是从这

---

[1] 《法制》，第2卷，第6项，第2节，1658年奥济尔辑，莱顿版。
[2] 《法制》，第2卷，"未成年期的代替继承"第3节。
[3] "一般的代替继承"法律格式是："继承人不继承时，由我替他继承等等。""未成年期的代替继承"法律格式是："继承人在成年以前死亡，我代替他继承等等。"
[4] 第3卷，第1项，第5节。

个国家的风俗产生的。立法者的目的是在制止当时西班牙式的铺张浪费,特别是在有盛典的时候的滥赠礼物。

罗马人用法律制止了世界上最持久的统治——即品德的统治——所产生的一些不便。西班牙人企图用法律去防止世界上最脆弱的暴政——即美色的暴政——的恶果。

第二十六节 续前

狄奥多西乌斯和瓦连提尼耶诺斯的法律[1]曾依据罗马人古时的风俗[2]和习惯,规定休婚的理由。这些理由中有一条是:当丈夫[3]惩罚妻子的方式侮辱了一个自由妇女的身份的时候,妻子可以休去。这项理由在后来的法律中就被删掉了[4],因为在这方面,风俗已经发生了变化,东方的习惯已经排除了欧洲的习惯。历史告诉我们,查士丁尼二世的皇后的太监总管恐吓她说,要惩罚她像学校惩罚小孩子一样。除非风俗已经形成或是正在形成,否则这类事情是不可想象的。

我们已经看到法律如何随从风俗;现在让我们看一看风俗如何随从法律。

---

[1] 《法典》,第8项"休婚"。
[2] 还有十二铜表法,见西塞罗:《第二菲利毕克》,第69章。
[3] "如果用不适宜于自由妇女的身份的体刑来对待妻子的话。"
[4] 见《新法》,117,第14章。

第二十七节　法律如何有助于一个民族的风俗、习惯和性格的形成

一个被奴役的民族的习惯就是他们奴隶生活的一部分。一个自由民族的习惯就是他们的自由的一部分。

我在第十一章①已经谈到了一个自由的民族，并且指出了它的政制的原则。现在让我们看一下这种政制所产生的结果、这种政制所能够形成的性格和从这种政制所产生出来的习惯[43]。

我并不否认，这个民族的法律、风俗和习惯大部分是由于气候而产生的；但我说的是：这个民族的风俗和习惯同它的法律也有密切的关系。

在这个国家里有两个可以看得见的权力——立法和行政——而且每一个公民都有他自己的意志，可以随意主张他的独立地位。因此，多数人对这两个权力往往有所偏爱，群众通常没有足够的公道心和判断力，同样地喜爱这两种权力[44]。

行政权力分配一切职位，它能给人以巨大的希望，而不给人以恐惧，所以那些从它那里得到恩惠的人随时都可以拥护它的主张；但是它同时也就有可能受到所有那些没有希望从它那里得到任何东西的人的攻击。

在这个国家里，所有的情欲都不受约束；憎恨、羡慕、嫉妒、对发财致富出人头地的热望，都极广泛地表现了出来。要不是这样的话，这个国家就要像一个被疾病折磨的人，因为没有力气，终于没有任何

---

① 第6节。

情欲。

两派人之间彼此的仇恨将要长久存在，因为任何一方的仇恨，都将永远没有力量得到胜利。

这两派都是自由公民组成的。如果其中一派占了上风的话，则自由的结果将使另一派受到压抑，而这时，公民们便将用力去支援较弱的一方，就像双手支援身体一样。

每一个人既然总是独立的，他便极容易在反复无常的妄念和幻想的驱使下，时常改变派系。他放弃一派，离开所有的朋友，去加入另一派，在那里看到他所有的敌人。在这种国家里，人们常常忘记了友谊的规律，也忘记了憎恨的规律。

在那里，君主的情况也和一个私人一样，并且常常不得不违背一般的审慎箴规，去信任那些最冒犯他的人，而使那些最善于服侍他的人失去恩宠。他这样做是为情势所迫，而他国的君主们这样做则是出于自由意愿。

人们惧怕失掉他们所感到但又是他们自己几乎不了解的、易被人掩蔽了真相的幸福。这种惧怕往往把一切东西都夸大了。人民对于他自己所处的情况是不安的；甚至在最安全的时候，他们也认为是处身在危险之中。

那些最积极反对行政权力的人，不敢承认他们所以反对的自私动机，这便更增加了人民的惧怕。人民对自己是否处在危险之中是不能准确知道的；但是这种惧怕就将使他们能够避免将来可能遇到的真正灾难。

但是立法机关则为人民所信任，并且比人民有远见，所以立法机关能够使人民对于别人所给他们的恶劣印象有所改变，并且能够使人民的急躁心情平静下来。

这就是这种政体比古代的民主政治远胜一筹的地方。因为在古代民主政治下,人民享有直接的权力;当他们受到演说家们的煽动的时候,这些煽动常常产生效果。

当所激起的恐怖没有一定的目标时,它只是产生空洞的喧嚣和詈骂而已,不过它却有一个好的效果,就是它能使政府的一切松弛了的动力又振作起来,并引起每一个公民的注意。然而,如果这种恐怖是由违背基本法律而产生的话,那么它便是无情的、有害的、残酷的,并将带来灾祸。

我们将立即看到一个可怕的沉默,这时候人人都要团结起来,去反对那个违背了法律的权力。

在没有任何一定的目标引起不安的场合,如果有某个外国威胁着这个国家,使它的财富或荣誉遇到危险的威胁的话,则小利益便将服从于更大的利益,全体都将团结起来,拥护行政权力。

但是在由于违背基本法律而引起纠纷的场合,如果有一个外国力量出现的话,则将发生革命;这个革命将不致改变政府的形式,也不致改变国家的政制,因为为自由所形成的革命只是确定自由而已[45]。

一个自由的国家可能得到一个救主;一个被奴役的国家就只能再来一个压迫者。

因为谁有足够力量,能够把一个国家的专制君主驱逐掉,也就有足够的力量使自己成为专制君主。

要享受自由的话,就应该使每一个人能够想什么就说什么;要保全自由的话,也应该使每一个人能够想什么就说什么。这个国家的公民可以说或写一切法律所没有明文禁止说或禁止写的东西。

这个国家经常是火热的，易受感情驱使而不易受理性的驱使，理性一向不能对他们的精神产生巨大的影响。治理这个国家的人不难使它的人民去做违反他们真正利益的事。

这个国家热爱它的自由，因为这个自由是真实的。有的时候它的人民为了保卫这个自由，宁愿牺牲自己的财富、安乐和利益；宁愿担负最重的赋税，这种重税就是最专制的君主也不敢让他的臣民去负担的。

但是它的人民相当了解负担这些重税的必要性，他们纳这种税是因为他们有充分的理由希望可以不再纳这些税；他们的负担是重的，他们却不感觉到它们的重量，但是在其他国家，对弊政的感觉是远远地超过弊政本身的[46]。

这个国家有确实的信用，因为它向自己借，向自己还。它有可能做超过自己实际力量所能负担的事情，并使用数额庞大的想象的财富去反抗敌人。政府的信用与性质可能使这些想象的财富成为真实的财富[47]。

为着保全自由，这个国家向它的国民借债。国民看到，如果国家被征服，债权便将丢失，因此国民便多了一个新动机去努力保卫它的自由。

这个民族居住在一个岛上，并不喜爱征服别人，因为遥远的征服战争将削弱它的力量。如果这个岛屿的土壤优良的话，它更没有必要喜爱征服，因为它不需要从战争致富。而且，公民谁也不依赖谁，所以每一个公民重视自己的自由甚于重视某些公民[①]或某一个人[②]的荣耀。

在那里，人们认为军人是属于一种有用的但总是危险的职业；甚

---

① 指贵族。——译者
② 指君主。——译者

至认为军人的服役是国家的累赘[48]。因此，文职的资格比较受人尊重。

和平与自由使这个国家安乐舒适，不受有害的偏见的束缚；它便成为一个从事商业的国家。它有一些原始商品[49]，经工人的手成为有很高价值的东西，所以它建立了一些适宜的基地，来尽量享受这个天赋的才能。

这个国家位于北方，它有许多过剩的商品[50]，但也需要许多因为它的气候自己不能出产的商品。因此，它便和南方各国有了许多必要而繁盛的交易。它选择了一些它愿意给予通商利益的国家，并和它们缔结一些对双方都有利的条约。

一个国家，一方面极端富裕，另一方面租税过重，人民资产有限，如果不勤劳就几乎不能够生活。很多人借口旅行或健康关系离开本国，去寻求致富之道，甚至到奴隶制的国家里去。

一个经商的国家有极多细微而特别的利益。因此，它可以在无数的事情上侵害别人或受到别人的侵害。所以它变得极端嫉妒；对别人的繁荣所感到的忧愁，反多于对自己的繁荣所觉到的欢乐。

它的法律，在各方面是温和平易的；但是关于外人在该国经营商务和航运方面，则可能非常严格，就好像它仅仅同敌人进行贸易似的。

如果这个国家遣送一些人到远方侨居的话，则它的扩展贸易的意图是多于扩展统治势力的意图的。

人总是喜欢把自己国内所建立起来的东西同样地建立在别的地方，所以这一国家把自己的政体介绍给它的殖民地的人民。因为这个政体到处带给人们繁荣，所以我们看到在它遣送国民去居住的森林地带，出现了一些强大的人民。

它曾经征服了一个邻国[51]。这个邻国因为地理的形势、海口的优美和财富的性质的关系，引起了它的嫉妒。虽然它让这个国家有自己的法律，但它却使这个邻国在很大的程度上处于依附地位。因此，这个邻国的公民享有自由，但是国家本身却受着奴役。

这个被征服的国家有一个很优良的文治政府，但却受着国际法的压制。它的法律是一个国家强加给另一个国家的东西；这些法律的性质使它的繁荣不稳定，使它的繁荣仅仅是为一个主人作储备而已。

这个统治的国家，居住在一个大岛上，拥有大量的贸易，所以有一切便利去取得海上的势力。要保存它的自由，它就不需要有要塞、堡垒与陆军，但它却需要有一支海军来保证自己免受侵略；这支海军比一切国家的海军都要优越。其他的国家把财力都用在陆战上，因而不再有足够的力量在海上作战了。

海上的霸权常常给那些握有这种霸权的民族以一种自然的骄傲；因为他们觉得他们能够到处凌辱人。他们以为他们的权力就和海洋一样地广大无边。

这个国家对邻邦的事务有巨大的影响力，因为它并不把它的权力使用在征服上，所以人们追求它的友谊，惧怕它的仇恨。但是它的政府更易无常，国内争议纷纭，从这种情况来看，人们的这种追求和惧怕都是多余的。

既然如此，它的行政权力的命运便几乎总是：在国内受到搅扰，在国外受到尊敬。

如果这个国家在某些场合成为欧洲谈判的中心场所的话，它便要比在其他地方正直而信实些，因为它的大臣们常常不得不在一个平民的议会[52]上说明他们的行动的理由。因此他们的谈判就不能够是秘密的，而在这方面，他们将不得不做比较诚实的人。

113

此外，他们对一个隐秘迂曲的行为所可能产生的事件，是负有一定的责任的，所以他们最安全的做法就是走最正直的途径。

在这个国家里，贵族们曾在某些时候拥有过度的权力，君主则找到了用提高人民的地位去贬抑贵族的方法。所以这个国家出现了极端奴役的时候，便是在贵族受到贬抑而人民开始感到自己的权力的时候。

这个国家从前曾受专制权力的统治[53]，所以在许多场合就可能保留着专制权力的体制。因此，我们常常在自由政治的基础上看到了极权政治的形式。

关于宗教：这个国家的每一个公民都有他的自由意志，指导他的就是他自己的理智或幻想。因此必然的结果是，每一个人或者是对一切种类的宗教都不关心，因而信奉最有势力的宗教，或者是热心于一般的宗教，因而增加了教派的数目。

在这个国家里也许有不信宗教的人，这不是不可能的。不过这些人，如果已经有一个信仰再有人要强迫他们改变这个信仰的话，他们是不能容忍的。因为这些人觉得他们的生命和财产并不比他们的思想方法更是属于他们自己的，如果可以剥夺他们的思想方法，那么也就更可以剥夺他们的生命财产了。

如果在一切宗教中有一种宗教是人们试图通过奴隶制的方法建立起来[54]的话，这个宗教将为那里的人们所厌恶。因为我们判断事物是依据我们所加在这一事物之上的一切联系物和附属物来判断的，所以这个宗教是绝不可能和自由思想共同出现在人们的精神上的。

不过，排斥这个宗教的宣传者的法律，是不会带血腥气味的。因为自由是决不能想象出这类刑罚的，但是这些法律可能带有极大的压制性，所以能够冷酷无情地给人一切痛苦。

可能发生千百种情况，使僧侣们的信用少于其他的公民。所以，僧侣们不愿意和俗人分离[55]，而愿意和俗人担负同样的义务，并且在这方面和俗人成为一体；但是因为僧侣们经常企图取得人民的尊敬，所以他们用比较隐居的生活、比较拘谨的行为和比较纯洁的风尚，使自己高于他人。

僧侣们如果没有拘束人的力量，就不能保护宗教，也不能受宗教的保护，所以他们便设法说服人。我们看到从他们的笔下产生了卓越的作品，来证明上帝的启示和意旨。

国家可能要避免僧侣们集会，甚至不允许他们改正他们的弊端；而且由于对自由的一种狂热，它将宁愿使僧侣们的改革不完全实现，也不能容忍他们成为改革者。

那些构成政制的基本部分的官职比任何其他国家都要固定。但是在另一方面，这个自由之国的大人物们却比别的地方更和人民相接近；因此，他们的"等级"虽比较有区分，而他们的"人"却比较混杂在一起。

执政的人们的权力，每天都需要恢复一下它的活力，也就是说，每天都需要重新振作一下自己的精神。因此，他们比较重视对自己有用的人，而不重视能给自己娱乐的人。所以在这个国家里我们很少看到佞臣、谄媚和献殷勤的人，以及各种从大人物的愚蠢谋取私利的人。

在那里，人们并不十分尊重才华或浮夸的特质；所尊重的是真实的资格。这种资格，只有两项，就是：财富和个人的功绩。

那里的人享受着实在的奢华。这种奢华的基础不是"虚荣心"而是"真正的需要"。他们几乎除了大自然所给予的快乐以外，不再要求其他。

他们享受的财产，绰有余裕，但是他们摈斥那些无意义的东西。

因此，许多人由于钱财多而花费的机会少，便用奇怪的方法使用他们的钱财。在这个国家里，人们的机智多于风趣。

他们经常致力于自己的利益，所以缺乏那种以闲逸为基础的礼仪。他们实在是没有时间去讲礼仪①的。

罗马人讲究礼仪的时代同时也就是建立专制权力的时代。极权政治产生了闲逸，而闲逸产生了礼仪。

在一个国家里，需要彼此谨慎相待，不惹人不快的人越多，礼仪也就越多。但是使我们和野蛮人民有所区别的，是道德上的礼仪而不是行动举止上的礼仪。

在一个国家里，每个男人多少参与国家的行政，女人就几乎不应当经常和男人一起生活了。所以她们应当是淑静的，也就是说，胆怯的。这种胆怯形成了她们的品德。至于男人则将没有对妇人殷勤的雅趣，而是沉湎于放荡的生活，享受极度的自由与闲逸。

在这一国家里，法律的制定并不厚甲而薄乙，所以每一个人都把自己看做是一个君主；这个国家的人，与其说是同胞，毋宁说是同盟者。

这个国家的气候给许多人以不安的心情和广阔的眼界，而政制又让每一个人都参与政事的管理，使每一个人都有政治的兴趣，所以他们许多的言谈都是围绕着政治。我们看见一些人，就以推测事物的演变过日子，但是由于事物性质的关系，由于机运的多变，也就是说，由于人事的变幻无常，事物的演变几乎是无法推测的。

在一个自由的国家，一个人推理推得好或不好，常常是无关紧要的事；只要他推理就够了。自由就表现在这里。自由就是使人不受这

---

① "英国人对你礼貌少，但绝不会对你没有礼貌。"见《英国记事》。

些推理的影响的保证。

但是在专制政体之下，不管人们推理推得好或不好，全都是有害的。只要他们推理就足以打击那个政体的原则。

许多人不愿讨人喜欢，又任性。有些有才智的人，大半就受到自己的才智的苦楚。他们轻蔑或厌恶一切事物。在那许多原来并非不幸的事情上，他们却感到不幸。

公民谁也不惧怕谁。所以整个国家是骄傲的；因为君主们的骄傲也不过是建立在独立不羁的基础上而已。

自由的国家是骄傲的，其他的国家则容易流于虚荣。

但是，这些如此骄傲的人多半总和自己人生活在一起，所以当他们遇到陌生人时，他们是羞羞涩涩的；我们在多数的时候看到，他们的表情是骄傲和羞惭的奇异混合。

这个国家的性格特别表现在天才的作品中。在这些作品里，我们看到深思的和独自思维的人。

社会的生活使我们了解什么是可笑；幽隐的环境使我们好思量什么是邪恶。因此，他们的讽刺的著述是尖锐苛刻的。在他们之间我们看到许多茹维纳尔，而不易找到一个贺拉西[56]。

在极端专制的君主国里，历史家们出卖了真理，因为他们没有说真理的自由。在极端自由的国家里，他们也出卖真理，正因为有自由的缘故。这个自由常常产生分裂，每个人因而成为他的宗派偏见的奴隶，就如同他当暴君的奴隶一样。

他们的诗人在创作上奇异的粗糙简陋，是常见的，而那种从风趣上产生出来的精致优美，则属罕见。在他们的诗里，我们看到某种风格，比较近于米开朗基罗的气魄，较远于拉斐尔的优雅[57]。

原编者注

1. 孟德斯鸠所谓"北方气候"的国家，指的是英格兰、德意志和荷兰；所谓"南方的"国家，指的是意大利和西班牙，所谓"温暖的"地区，指的是法国。
2. 佛是释迦牟尼的中国名。
3. 中国的立法者：孔子或是服膺他的教义的人们。
4. "彼此交往"的意思是："关系频繁而密切"。
5. "流布"原文用 à se rendre populaire（大众化）来表达，这种用字法相当奇特。
6. "自由"原文 Ingénu，是法律名词，生来自由的意思，与"奴隶"或"奴隶的儿子"相反。
7. "随意处置"即由妻子全权处置的意思。
8. 按照原文，意思就是前者成为后者的绝对主人。
9. 拉布莱注，孟德斯鸠"在这里反对在他以前的格罗修斯《战争与和平法》（第5卷）、博雪《警告新教徒》和洛克《政府论》（第6章，第9节）所辩护的古旧学说"。
10. 或是说农奴制。
11. 塔西佗著作中的拉丁原文是："家庭其他事务由妻子儿女来做。"

（《日耳曼人的风俗》，第25章）

12. 这里，原文用"réfugier"（逃亡）一词来表达"给他避难所"的意思。这种用字方法是很大胆也是极为新奇的。

13. 原文作："S'ils échappaient"（如果他们脱险），即"如果他们病好"的意思。

14. "就可以不受处罚，因为是出钱买的"。这意思是说，用钱买的奴隶死了，主人赔了钱，这对主人已是足够的刑罚。

15. 德漠斯提尼斯：《反米地亚姆演说》（1604年佛兰克福重印版），第610页。

16. 拉布莱指出，卡底斯雅"在嫁给穆罕默德的时候已经四十岁。这位先知所娶的不到六岁的妻子是阿耶沙"。

17. 孟德斯鸠的这种说法使伏尔泰感到惊奇。此外，关于孟德斯鸠在"瓦连提尼耶诺斯"字下所加的注释，克列维挨指出："所谓这些僧教史家，想来只能是苏格拉底一人。苏格拉底是一个著作家；他距离瓦连提尼耶诺斯的时代相当远。约南德斯只抄录他的著作而已。博雪和第尔蒙对这个传说曾予驳斥。第尔蒙《帝皇纪》第5卷注28关于瓦连提尼耶诺斯。"

18. 御林军逼阿基默德退位是在1730年。"佳雅"是突厥皇帝的首席宰官。

19. 这里有许多学说，许多乐观主义，也许还有少许讽刺。我们还应注意孟德斯鸠用了很可疑的材料，例如他在底下所引用的关于印度公司的航行辑览。

20. "彼此交往"，指生活中的来往极为频繁。参照上面第4注。

21. 这非常适合孟德斯鸠时代……及其他时代的法国的情况。

22. 克列维埃又指出，孟德斯鸠认为这件事情发生在十二铜表法之前，但是这时期还没有监察官。
23. 请参照亚里士多德：《政治学》，第7卷，第7章。
24. 原文作 Les Aguans，即阿富汗人。
25. "哥特人"，孟德斯鸠所指的是所有的日耳曼人。
26. 路德贝克（1630—1702），瑞典博物学家，著有《大西洋》一节，共四卷，书中自称已证明柏拉图的"亚特兰底德"就是"斯堪的纳维亚"。
27. 人们认为孟德斯鸠这里所想到的是彼得大帝和圣彼得堡。
28. 拉布莱指出，西班牙可以说就是这样；阿拉伯人离去以后曾在西班牙留下了一套完整的灌溉系统。
29. "技艺"，这里指的是工业。
30. "畜牧的民族"，指鞑靼人和阿拉伯人。在本节开头，著者想的则似乎是美洲的野蛮人。
31. 参照西塞罗：《论共和国》，第1卷，第17章。
32. 拉布莱注："这就是所谓'幼维那'（juveigneur）权利和'奎维斯'（quévaise）权利。"见《布里塔尼的习惯》一书。
33. 塔西佗：《日耳曼人的风俗》，第14、15章。
34. 爱卡尔：《法兰克人的撒利克法及莱茵河畔地区的法律》。
35. 拉布莱注指出，"巴路兹所发表的条文里，父的姊妹的继承先于母的姊妹。"
36. "监护"适用于人身，"监管"适用于土地。
37. 秘古即"秘古王国"的首都。1853年，英国人把该王国并入"孟加剌王国"。

38. "古代的风俗"（mores majorum）这个用语在罗马人有极确定的法学上的意义。

39. 孟德斯鸠在这里所描绘的，很显然又是他那个时代的法国。

40. 《蜜蜂的故事》是一本英国哲学性的小说，曼德维尔著。

41. 克列维埃认为，查士丁尼说的只是西班牙人忠于保守"秘密"：因为拉丁文原文说："死于刑罚中的人，其受托之物就不再追究了。"

42. "改变"的宾词，在原文含糊不明，指的是改变"这些习惯"。

43. 这部分就是孟德斯鸠对英国政治所作的著名描述，是本书最为人所知晓，实际上是最重要的部分之一。

44. 因此产生了两个大党："王党"希望维持王室的威权；"民权党"比较喜爱国会制度的把戏。后者大贵族和都市代表特别多；在当时占优势。在位的君王是乔治二世；他常常要容忍他所不喜欢的大臣。

45. 孟德斯鸠这里所想到的显然是詹姆斯二世、路易十四世和1688年的革命。

46. 法国。

47. 指的是英国"财政部的债券"，这使人想起法国的"国库债券"。

48. 原文 laborieux（勤勉）应作 onéreux（沉重的负担）解。

49. 这些"原始商品"中有羊毛和麻。

50. 原文 denrées superflues 应作"'过剩的'商品"解。

51. "邻国"指爱尔兰。

52. 即"国会"。

53. 孟德斯鸠指的是"都铎"王朝的专制权力。

54. 正是都铎王朝要用褊狭与横暴的方法建立起天主教。
55. 所谓"分离",指的是像在法国那样自成一个道会。
56. 暗指约拿单·斯尉夫特著《古利瓦的旅行》,1726年出版。
57. 这里暗指的可能是密尔顿和他的叙事诗《失乐园》。